Der Fall Judas
LUTHER
DIE GANTZE
HEILIGE
SCHRIFFT
DEUDSCH
I
LUTHER
DIE GANTZE
HEILIGE
SCHRIFFT
DEUDSCH
II
Die
Lexikon
Bibel
Mit Bildern
und
Erklärungen
in

Hans-Michael Uhl

Das ist evangelisch

10 Merkmale protestantischen Lebens

Bibliografische Information der Deutschen Bibliothek
Die Deutsche Bibliothek verzeichnet diese Publikation in der Deutschen Nationalbibliografie; detaillierte bibliografische Daten sind im Internet unter http://dnb.ddb.de abrufbar.

Postfach 80 06 69, 70506 Stuttgart

www.kreuzverlag.de

Umschlaggestaltung: Bergmoser + Höller Agentur, Aachen
Umschlagmotiv: © Kai Remmers / VISUM
Fotografien im Innenteil: © Panoramastudio Ltd.
Layout und Satz: Arnold & Domnick, Leipzig
Druck: freiburger graphische betriebe, Freiburg
Printed in Germany
ISBN 978-3-7831-3218-2

Inhalt

Vorwort

Gerade in Zeiten der Ökumene und des Dialogs der Religionen ist es wichtig, die Frage nach dem, was in der eigenen Religion und Konfession charakteristisch und hervorzuheben ist, neu zu stellen ... und zu beantworten. Besonders klar wurde mir das in den Jahren, in denen ich als Gemeindepfarrer in der Evangelisch-Lutherischen Christuskirche in Rom gearbeitet habe. Nur zu oft wurde mir dort von ökumenischen Gesprächspartnern die Frage nach dem gestellt, was denn nun die evangelische Kirche ausmache. Vor allem wenn ich mich bemüht hatte, die theologischen und liturgischen Gemeinsamkeiten hervorzuheben, tauchte früher oder später die Frage auf: Aber was ist das *Besondere* bei euch? Hatten wir uns sehr bemüht, unseren meist katholischen Gästen durch die liturgische und musikalische Gestaltung ökumenischer Feiern in unserer Kirche entgegenzukommen, wurde danach der Wunsch geäußert, doch einfach mal einen ganz normalen, typisch evangelischen Gottesdienst „vorzuführen". Es ist ja auch klar: Wie soll man ökumenische Fragen erörtern, wenn man keine Gelegenheit hatte, einen evangelischen Gottesdienst zu erleben? Wir Protestanten müssen uns sichtbar machen, erkennbar das eigene Profil zeigen, um als ernst zu nehmender Gesprächspartner wahrgenommen zu werden. Man kann nur dann Antworten auf seine Fragen an den anderen erwarten und ernsthafte Gespräche führen, wenn man selbst Flagge zeigt, über sich Auskunft gibt und sich damit auch sichtbar und verletzlich macht.

Heute, als Pfarrer im Schuldienst, wird mir immer wieder von evangelischen Schülern die Frage gestellt: Warum haben wir nicht einfach einen gemeinsamen christlichen Religionsunterricht? Gibt es wirklich wichtige Unterschiede zwischen katholischen Christen und evangelischen Christen? Und was glauben z. B. die orthodoxen Christen oder warum sind die Zeugen Jehovas eine Sekte? Zu Hause bekommen nur wenige Schüler Antworten auf solche Fragen. Konfessionelle Eigenheiten sind im Alltag kaum noch zu erkennen und dort, wo sie vorhanden sind, werden sie nicht als solche erkannt. Was unterscheidet denn katholisches und evangelisches Christsein? Was zeichnet uns Protestanten aus? Und: Worauf können wir stolz sein, wenn wir evangelisch sind?

Im konfessionsübergreifenden Religionsunterricht, der in beruflichen Schulen nicht unüblich ist, kommt von katholischen Schülern oft die Frage: Was heißt es, evangelisch zu sein? Was habt ihr denn, was wir nicht haben? Wir wollen verstehen, warum ihr nicht einfach in die gleiche Kirche gehen könnt wie wir!

Wir leben heute in einer Gesellschaft, in der wenig differenziert und abgegrenzt wird, und das hat ja durchaus auch seine guten Seiten. Glücklicherweise werden Menschen nicht mehr nach ihrer Konfessionszugehörigkeit beurteilt und klassifiziert, und die Zeiten sind ebenfalls vorüber, in denen Kinder enterbt wurden, weil der oder die Zukünftige die falsche Konfession hatte. Also können wir heute mit großer Gelassenheit an das Thema herangehen. Nicht um Kontroversen zu schüren, wollen wir das typisch Evangelische herausstellen, sondern um unseren Teil am gemeinsamen Erbe der christlichen Tradition einzubringen. Eins fällt dabei besonders auf: Die Antwort auf die Frage nach dem Evangelischen geht zuerst meist in die Richtung, dass eine Reihe von Dingen und Gewohnheiten aufgezählt wird, die wir in der protestantischen Tradition *nicht* haben. Es fällt leicht, Eigenheiten und Charakteristika der katholischen Kirche aneinanderzureihen, die bei uns nicht vorhanden sind: Evangelisch bedeutet, dass es in der Kirche keinen Tabernakel gibt, in dem die Hostien aufbewahrt werden, kein Weihwasserbecken, keine Heiligenstatuen, kein ewiges Licht und keinen Beichtstuhl. Und evangelisch ist auch, dass wir keinen Papst haben, die evangelischen Pfarrer nicht auf Ehe und Familie verzichten müssen und ein protestantischer Christ nicht unbedingt sonntags zur Kirche gehen muss. Nach der langen Aufzählung der ganzen Dinge, die wir alle nicht haben, sagte einmal ein Schüler im Religionsunterricht der fünften Klasse: *„Da sind wir aber schlecht dran, wenn wir auf so viele Dinge verzichten müssen, die die anderen haben dürfen!"* Sind wir wirklich schlecht dran, weil wir so vieles nicht haben, oder fällt uns – was ja durchaus menschlich ist – einfach nicht mehr auf, was wir *haben*?

Ist es nicht ein Armutszeugnis, wenn wir nicht auch positiv benennen können, was unsere Kirche auszeichnet? Was also ist sichtbar und greifbar „typisch evangelisch"?

Als ich selbst dieser Frage nachgegangen bin und in Buchhandlungen und Büchereien nach Literatur zu diesem Thema gesucht habe, fand ich eine ganze Reihe Abhandlungen darüber, welche theologischen Positionen uns Protestanten von anderen Konfessionen unterscheiden. Aber was sind die augenfälligen, sichtbaren und erlebbaren Merkmale unserer Art, den christlichen Glauben zu leben? Zu dieser Frage habe ich nichts gefunden, was mir kurz und übersichtlich eine erste Antwort gegeben hätte.

So habe ich mich also an die Arbeit gemacht, um einiges Exemplarische zusammenzustellen. Ermutigt durch Regine Kuntz-Veit, die Redakteurin der Zeitschrift „Lebensspuren – Frau und Mutter" im Kreuz-Verlag, entstand eine Artikelreihe im Jahr 2007, die durch das Interesse des Kreuz-Verlages und das ermutigende Gespräch mit Rolf Hartmann, dem Programmbereichsleiter Theologie, nun zu diesem Buch führte. Matthias Veit hat als Fotograf mit großer Liebe zum Detail die Bilder dazu beigetragen.

Es geht darum, durch Wort und Bild einen raschen Überblick über einige, wie mir scheint wesentliche Stichworte zu verschaffen. Ich möchte kein theologisches Fachbuch vorlegen, sondern allgemein verständlich und hoffentlich auch unterhaltsam in das Thema einführen. Dabei ist vieles von dem Gesagten und Gezeigten durchaus aus einer sehr persönlichen Perspektive dargestellt. Ich hoffe, dass Leser und Betrachter die Gedanken und Bilder durch eigene Beobachtungen und Erfahrungen ergänzen. Sicherlich ist manches von dem, was ich als „typisch evangelisch" darstelle, der volkskirchlichen Situation in Deutschland geschuldet. Das ist mir durchaus bewusst, und ich nehme im Blick auf den zu erwartenden Leserkreis diese Einschränkung in Kauf. Hier gilt, dass das erste und wichtigste Anliegen meiner Darstellung darin besteht, das Gespräch über das evangelische Profil in Häusern und Gemeinden anzustoßen. Und auch wenn ich versuche, meine Beobachtungen durch manche historische und biblische Anmerkungen zu illustrieren, kann es sich hier nicht um eine umfassende Darstellung der evangelischen Traditionen und Eigenheiten handeln. Es wird zum einen darum gehen, evangelische Besonderheiten, die seit der Reformation unser Bekenntnis prägen, zu benennen. Zum anderen soll aber auch das zur Sprache kommen, was sich in den letzten Jahren und Jahrzehnten an konfessionellen Besonderheiten bei uns ausgebildet hat.

Kirche ist ja zum Glück ein ganz lebendiger Organismus, der sich im Laufe der Zeit in Verantwortung vor der Heiligen Schrift immer wieder neu entfaltet und weiterwächst.

Ich verwende im Übrigen in meinem Text die Begriffe evangelisch und protestantisch synonym und abwechselnd, was heute, wie ich meine, durchaus legitim ist.

Hans-Michael Uhl, im Herbst 2008

ELEMENTARBIBEL
Die
Lexikon
Bibel
Mit Bildern und Erklärungen
BIBEL
in
gerechter
Sprache
GÜTERSLOHER
VERLAGSHAUS
DIE BIBEL
JÖRG ZINK
KREUZ
NOVUM
TESTA
MENTUM
GRAECE
Ed. XXVI
BIBLIA
HEBRAICA
EDIDIT
RUDOLF KITTEL

Die Bibel

Leben mit Gottes Wort

1 Die Mitte

Evangelische Christen lesen in und leben mit der Bibel. Es ist evangelische Frömmigkeit, die Bibel griffbereit zu haben, sie regelmäßig zur Hand zu nehmen und darin Rat und Hilfe, Trost und Kraft zu finden. Es ist eine gute Gewohnheit, den Tag mit der Schrift zu beginnen. Und es ist Lebenshilfe, im Wort Gottes Wegweisung und Ausweg in schwierigen Zeiten zu suchen. Und deshalb ist es z. B. auch nach wie vor selbstverständlich, dass dem Brautpaar bei einer evangelischen Trauung eine Bibel mit auf den gemeinsamen Lebensweg gegeben wird. Ebenso selbstverständlich war es, dass Evangelische, die im Krieg oder in dessen Folge fliehen mussten, doch wenigstens versuchten, neben den wichtigsten Dokumenten auch ihre Familienbibel mitzunehmen. Während alle anderen Bücher in vielen Fällen zurückbleiben mussten, sollte die Bibel nach Möglichkeit irgendwie ins neue Leben hinübergerettet werden. So ist auch für mich persönlich die Bibel, die meine Mutter bei ihrer Vertreibung aus ihrem Elternhaus retten konnte, eines der ganz wenigen Erinnerungsstücke an die alte Heimat meiner Eltern.

Im Gemeindepfarramt kamen immer wieder alte Menschen zu mir ins Pfarrhaus, um mir ihre Familienbibel zu bringen. Sie wollten nicht, dass die Heilige Schrift nach ihrem Tode mit all dem anderen, was sich so in ihrem Leben angesammelt hatte, auf den Sperrmüll wandert. Die Bibel sollte bleiben! Alsbald hatte ich eine kleine Bibelsammlung im Archiv der Gemeinde.

Der Respekt vor der „Schrift“ ist für mich auch der wesentliche Grund dafür, dass ich es nicht begrüße, wenn etwa auf dem Schulhof von missionarisch eifrigen Christenmenschen Bibeln oder Bibelteile wie Flugblätter oder Werbebroschüren verteilt werden. Es lässt sich nämlich in diesem Fall nicht vermeiden, dass einige der Bücher achtlos in den Müll oder ins Altpapier wandern, und das ist für mich nichts anderes, als Brot in den Müll zu werfen. Evangelische Überempfindlichkeit? Ein Zeichen dafür, dass wir Protestanten im Laufe der Geschichte die Bibel als Objekt sakralisiert haben und das gedruckte Wort überbewerten? Oder ist das die notwendige evangelische Sensibilität im Blick auf das, was uns heilig ist?

Auf jeden Fall ist festzuhalten, dass die Konzentration auf die Bibel eines der tragenden Prinzipien der Reformation ist, ja die Mitte des reformatorischen Denkens. Zu weit hatte sich die mittelalterliche Frömmigkeit im Laufe der Zeit von der biblischen Überlieferung entfernt, zu sehr war die Tradition der Kirche und ihre im Laufe der Jahrhunderte entwickelte Lehre in den Vordergrund getreten. Die Sakramente, der Marien- und Heiligenkult, der Zölibat, die hervorgehobene Bedeutung von Priestern und Ordensleuten und natürlich der steigende Machtanspruch und Kapitalbedarf des Papstes und der Kirche, all das war biblisch nicht zu begründen. Wache Geister hatten sich immer wieder dagegen aufgelehnt und sich bei ihrer Kritik zu Recht auf die Bibel berufen. Mittelalterliche Reformer hatten gegen ein kirchliches Leben, das weit entfernt von biblischen Ursprüngen war, rebelliert und versucht, die Kirche zurück zu ihren Wurzeln in der biblischen Tradition zu führen: Die Mönche von Cluny, die Zisterzienserbewegung, Franz von Assisi, die Waldenser, Johannes Hus oder John Wiclif – alle waren sie angetreten, um die katholische Kirche zu reformieren und eine ernsthafte Überprüfung ihrer Lehre und Praxis am biblischen Maßstab zu erreichen. Aber entweder wurden sie domestiziert und instrumentalisiert oder als Ketzer ausgegrenzt und verfolgt. Erst der Reformation gelang es, die Bibel, die Heiligen Schriften der Christenheit, dauerhaft als alleinigen Maßstab christlichen Lebens zu etablieren. *Sola scriptura* – allein die Schrift, so lautete die Forderung gegen den Wildwuchs an theologischen und kirchlichen Lehren. Nicht Philosophen und Päpste sollten die Lehre der Kirche prägen, nicht Mirakel und Spekulation die christliche Existenz bestimmen, sondern das beständige Bemühen um die Bibel. Die Heilige Schrift sollte die Mitte sein, von der her immer wieder der persönliche und kirchliche Alltag zu gestalten und zu hinterfragen sei.

1 Die eine Schrift und die vielen Sprachen

Damit die Bibel aber zum allgemein zugänglichen Kriterium des persönlichen und institutionellen Handelns werden konnte, musste sie möglichst allen Menschen sprachlich und materiell zugänglich sein. Die Übersetzung der Bibel in die jeweilige Muttersprache war deshalb ein Meilenstein der Reformation, stellte aber auch eine gewaltige Herausforderung und Leistung dar. Durch den Humanismus war man zu dem Anspruch gelangt, nicht einfach nur die üblicherweise benutzte und überall verbreitete lateinische Übersetzung, die *Vulgata*, in die jeweilige Landessprache zu übersetzen. Man wollte wirklich von vorne beginnen. Zurück zu den Anfängen der Heiligen Schrift! Martin Luther und seine Mitstreiter wollten sie aus der ursprünglichen Sprache des Neuen und Alten Testaments ins Deutsche übersetzen. Sie suchten also für das Neue Testament nach den griechischen, für das Alte Testament nach den ältesten hebräischen Handschriften der jeweiligen Texte, um diese dann in ihre Muttersprache zu übertragen. Nachdem die lateinische Sprache über Jahrhunderte dominierte, war es nicht einfach, gute und verlässliche hebräische und griechische Handschriften zu finden. Doch war die Rückkehr zu den „Ursprachen" der Heiligen Schrift auch ein Schlüssel zum ursprünglichen Verstehen der Texte und ihrer theologischen Anliegen.

Das reformatorische Bemühen um eine deutsche Bibelübersetzung brachte noch eine zweite Leistung hervor: Im Deutschen Reich gab es bis ins 16. Jahrhundert hinein keine einheitliche Sprache. Jeder Teil des heutigen Deutschlands hatte seinen eigenen Dialekt, seine eigene Mundart oder Sprache. Die alle verbindende Schriftsprache war Latein. Für eine Bibelübersetzung, die im gesamten deutschen Sprachraum für den Gottesdienstgebrauch geeignet sein sollte, musste also erst eine deutsche Schriftsprache erfunden werden, die in ihrer Ausdruckskraft stark und überzeugend genug ist, um sich Autorität zu verschaffen.

Und drittens mussten die Übersetzer nicht nur Zugang zu alten Handschriften finden und eine neue Sprache kreieren, sondern auch die emotionalen Vorbehalte der Menschen gegen eine „Heilige Schrift" in der Umgangs- und Landessprache überwinden. Dabei hat gerade der heute so oft gelobte Vorsatz Martin Luthers, dem Volk für seine Übersetzung der Bibel „aufs Maul zu schauen", die Problematik noch zugespitzt. Es war ja auf den ersten Blick eine ungeheuerliche Anmaßung, dass die Übersetzung Martin Luthers die gleiche Autorität haben sollte, wie die bisher benutzte und nie infrage gestellte *Vulgata*, da es eingefleischte Tradition war, dass Gottes Wort eben nicht in der gewöhnlichen Sprache des Alltags erklang.

So selbstverständlich, wie wir heute Pop- und Rockmusik auf Englisch hören und uns daran erfreuen, auch wenn wir bis auf einige Wort- oder Satzfetzen selten etwas davon verstehen, so selbstverständlich war Latein die Sprache der Kirche, obwohl zur Reformationszeit selbst die Kleriker dieser Sprache nicht immer mächtig waren. Schließlich hatten auch die anderen Religionen ihre heiligen Sprachen: die Juden das Hebräische, die Orthodoxen das Griechische, die Muslime das Arabische und die römisch-katholische Kirche eben ihr Latein. Und nun sollte jede beliebige Sprache zur Sprache der Heiligen Schrift und jeder Übersetzer zum vom Heiligen Geist inspirierten Mitgestalter der Bibel werden können?

Diesen Widerständen zum Trotz setzte sich Luthers Übersetzung durch und wurde zur Autorität und zum Katalysator für unzählige Bibelübersetzungen in die jeweilige Landessprache der Länder, zu denen die Reformation Zugang fand. Auch die Überzeugung Luthers, dass sich die Schrift dem, der sich darum müht, selbst erschließt, dass also das Wirken des Heiligen Geistes und das Verständnis des Evangeliums nicht an einen bestimmten Wortlaut und eine bestimmte Sprache geknüpft ist, wurde weithin akzeptiert.

Was aber wäre die Übersetzung der Bibel ohne die Erfindung des Buchdrucks mit beweglichen Lettern gewesen? Drucken konnte man ja schon vorher, indem man Druckvorlagen geschnitzt oder in Metall gegossen hatte. Jetzt aber – und hier steht der Name von Johannes Gutenberg stellvertretend für diesen Schritt in ein neues Medienzeitalter – konnte man mit beweglichen Bleilettern Texte in kurzer Zeit setzen und zum Druck bringen. Zum ersten Mal wurden die Drucke zumindest für das städtische Bürgertum erschwinglich. Und nicht nur Flugschriften und Traktate wurden schnell gedruckt und verbreitet, sondern auch die Bibel. Diese neuen Bibeln waren nicht mehr das

Produkt jahrelanger Handschrift, keine künstlerischen Unikate, die für die meisten Menschen unerschwinglich teuer und daher unzugänglich waren. Die Heilige Schrift konnte nun endlich in die Häuser und den Alltag der Menschen einkehren. Die Distanz zum Wort schmolz. So waren z. B. die Briefe eines Paulus wieder dort, wo sie hingehörten: im Alltag der Gemeinde, wo sie jeder einsehen und mitlesen konnte.

Jeder konnte jetzt in der Bibel lesen – vorausgesetzt er war des Lesens mächtig! Und auch dafür suchte man in der Reformation Sorge zu tragen: Die Reformation war nicht nur eine Glaubensbewegung, sondern ganz selbstverständlich auch eine Volksbildungsoffensive und damit eine Kultur verändernde Kraft. Musste man vorher ins Kloster gehen oder einiges an Geld investieren, um Lesen und Schreiben zu lernen, so wurde mit dem Anspruch, dass jeder Christenmensch selbst die Bibel lesen sollte, auch die Initiative verknüpft, möglichst vielen von Kindesbeinen an eine Grundbildung zu vermitteln. So argumentiert Luther 1524 in seiner Schrift „An die Ratsherrn aller Städte deutschen Landes“: *„Liebe Herren, man muss jährlich so viel aufwenden für Kanonen, Wege, Stege, Dämme und unzählige solche Dinge mehr, wodurch eine Stadt zeitliche Ruhe und Frieden haben soll. Warum sollte man nicht viel mehr aufwenden für die bedürftige, arme Jugend, jedenfalls aber so viel, dass man einen geeigneten Mann oder zwei als Schulmeister unterhielte?“*

Die Erfindung des Buchdrucks und die Tatsache, dass im Gefolge der Reformation auch einfache Menschen lesen lernten, führten also dazu, dass immer mehr Menschen selbst in der Bibel lesen konnten. Insbesondere der Pietismus, aber auch die Aufklärung verstärkten diese Bewegung noch einmal. Die Bibel wurde und ist bis auf den heutigen Tag das am meisten gedruckte und verbreitete Buch auf der Welt geblieben. Auch was im Blick auf die deutsche Sprache schon gesagt wurde, nämlich dass die Bibelübersetzung den Anfangspunkt einer Hoch- und Schriftsprache markiert, gilt ebenso in unzähligen anderen Ländern und Regionen dieser Welt. Nach wie vor ist es missionarisches Bemühen, den Menschen die Bibel in ihrer eigenen Sprache in die Hand geben zu können. Dazu werden Dialekte und Stammessprachen erforscht und verschriftlicht. Viele dieser Sprachen und Dialekte sind dadurch erhalten geblieben.

Der biblische Text und seine Geschichte

Nun hat aber die evangelische Konzentration auf die Bibel auch dazu geführt, dass Widersprüche und Bruchstellen, Veränderungen und Spannungen in der biblischen Tradition deutlicher wahrgenommen wurden. Daher ist es nicht verwunderlich, dass gerade aus der protestantischen Tradition der kritische Umgang mit den biblischen Schriften hervorgegangen ist.

Schon das Jahrhundert nach der Reformation war geprägt vom Streit um die richtige Auslegung einzelner Bibelstellen. Luther und andere Theologen verglichen bei ihrer Übersetzungsarbeit die unterschiedlichen Textvarianten der ältesten überlieferten Handschriften aus der Spätantike und dem frühen Mittelalter. Sie versuchten dabei anhand bestimmter Kriterien den ursprünglichen Wortlaut, den sogenannten Urtext, herauszufiltern. Dass es bei der Rekonstruktion dieses Urtextes zu zahlreichen Meinungsverschiedenheiten kommen musste, liegt auf der Hand. Und ebenso gab es in den evangelischen Reihen auch heftige Auseinandersetzungen darüber, wie die Bibel überhaupt historisch „richtig" zu betrachten sei und welche Worte der biblischen Bücher wann und von wem eingefügt oder bearbeitet wurden.

Die Aufklärung setzte bei der geschichtlichen Bewertung einzelner biblischer Dokumente neue Maßstäbe. War zuvor die Frage nach dem historischen Wert der biblischen Texte kaum gestellt worden, so wurde sie jetzt zum Dreh- und Angelpunkt der Betrachtung. Die zunehmende Dominanz des rationalen und naturwissenschaftlichen Denkens führte nicht nur dazu, einzelne Texte, wie etwa Wunderberichte oder die Auferstehung, zu hinterfragen, sondern es ging bald um die flächendeckende Analyse der biblischen Tradition auf ihre Entstehungs- und Veränderungsgeschichte hin. Es war die logische Konsequenz des reformatorischen Umgangs mit der Bibel, dass die Heilige Schrift, die man allen in verständlicher Sprache zum persönlich verantworteten Umgang in die Hand gegeben hatte, nun von Theologen in großer akademischer Freiheit ganz genau auf ihren Wahrheits- und Bedeutungsgehalt hin abgeklopft wurde. Kleinere oder größere Textpassagen wurden als nachträglich eingefügt erkannt, spätere Textkompositionen wurden auseinandergepflückt, die Entstehung einzelner Schriften neu datiert und vieles andere mehr. Nicht selten wurden erbitterte Auseinandersetzungen zwischen Theologen, Fakultäten und ihren Anhängern geführt. Viele und vieles wurde verwirrt. So mancher verfiel in grundsätzliches Fragen und Zweifeln, was dem Glauben der Menschen und ihrer schlichten Zuwendung zu Gott in Jesus Christus nicht immer zuträglich war. Trotzdem ging es in all diesem Auf und Ab, Hin und Her der theologischen Auseinandersetzung immer um ein ganz und gar ernsthaftes Bemühen um die Bibel, also um das urprotestantische Anliegen, die Heilige Schrift immer mehr und immer besser verstehen und ergründen zu wollen.

So einig sich die Protestanten auch immer darin gewesen sind, dass allein die Schrift die Grundlage christlichen Glaubens und Lebens sein könnte, so zerstritten sind sie zu allen Zeiten darüber gewesen, wie und „mit welcher Brille“ man die Bibel nun eigentlich lesen sollte. Den Text Wort für Wort nehmen, so wie die biblischen Bücher ihn bieten? Die Bibel als eine Sammlung historischer Zeugnisse begreifen, die in unsere Zeit “übersetzt“ werden müssen? Oder aber die Texte der Bibel als Geschichten lesen, in denen wir uns selbst in den Personen, die darin vorkommen, wiederfinden und erkennen, als Kranke, Sünder, Frauen oder Reiche, Jünger oder Zweifler? Wie frei sind wir wirklich im Umgang mit den biblischen Texten? Wie viel Distanz müssen wir zu ihnen schaffen, um ihren Sinn zu begreifen, wie viel Nähe, damit sie uns wirklich anrühren können?

Übereinstimmung herrscht heute über alle „Gräben“ unterschiedlicher Bibelinterpretationen hinweg, dass sie eine Sammlung unterschiedlichster Schriften ist, die erst am Ende einer langen Geschichte zu einem Buch, unserer Heiligen Schrift, zusammengefügt wurden. Übereinstimmung besteht auch darin, dass sie unterschiedlichste Gotteserfahrungen und Gottesworte zusammenfügt, um deren Verständnis und Gültigkeit im geschwisterlichen Dialog immer wieder neu gerungen werden muss. Aber es ist eben gerade diese Offenheit der Bibel, ihre Vielstimmigkeit und Vielgestaltigkeit, die immer wieder anregt, weiterführt und den dynamischen Charakter des christlichen Glaubens zeigt.

Zweifler und Spötter sehen in der Vielschichtigkeit der biblischen Tradition den Beweis dafür, dass diese Sammlung religiöser Schriften doch nur ein x-beliebiges, zufälliges historisches Dokument von relativem Wert ist. Christen hingegen hören aus den vielen Stimmen der biblischen Tradition die eine

Stimme des Herrn immer wieder heraus. Sie begreifen es als Zeichen der Freiheit und der Menschenfreundlichkeit Gottes, dass sich seine Anrede an uns Menschen in Büchern findet, die nicht ohne Widersprüche und nicht ohne menschliche Schwächen sind – so wie die Menschen und die Kirchen, die diese Bücher lesen und leben.

Allein die Schrift

Natürlich gilt für Evangelische immer noch und immer wieder das *Sola scriptura*: Allein die Schrift ist Richtschnur unseres Glaubens. Aber auch das protestantische Verständnis der Schrift hängt sehr an Traditionen. So ist es auch weiterhin die zwar vielfach überarbeitete, aber immer noch erkennbare Lutherübersetzung, an der heute trotz oder gerade wegen ihrer sprachlichen Eigenheit festgehalten wird. Wir Protestanten pochen also darauf, dass wir unsere Bibel immer schon in Deutsch gelesen haben, aber wir dürfen auch nicht übersehen, dass es eine bestimmte unverkennbare Sprachgestalt des biblischen Textes ist, die uns ans Herz gewachsen ist und unsere Sprachtradition bis heute prägt. In der Luthersprache und der Lutherbibel haben wir auch eine Art „heilige Sprache" gefunden, an die wir uns aus (guter) Gewohnheit klammern. Und nicht wenige wehren sich gegen eine Bibel, die wirklich in alltägliche Sprache, in Allerweltssprache übersetzt ist.

Bei allem berechtigten Stolz auf die protestantische Schrifttradition darf ebenfalls nicht übersehen werden, dass auch die anderen Kirchen, insbesondere die römisch-katholische, sich heute dem intensiven Bemühen um die Heilige Schrift verpflichtet weiß. Nicht nur evangelische Christen lesen und leben die Bibel. Bei ihnen hängt aber das Glaubensleben in besonderer Weise am Umgang mit der Bibel. Wenn in anderen Konfessionen das Sakrament oder die heilige Liturgie im Mittelpunkt steht, dann ist das evangelische „Allerheiligste" die Bibel und der selbstverständliche Umgang mit der Schrift. Wo es diesen alltäglichen, eifrigen Umgang mit der Schrift nicht mehr gibt, sind wir nicht mehr evangelisch. Daher kommt schließlich auch unser Name: Wir sind die vom Evangelium Bewegten!

Das evangelische Gesangbuch

Den Glauben singen

2 Lieder prägen und bewegen

Ich bin mit Kirchenliedern aufgewachsen. In der „Volksschule“ lernten und sangen wir Gesangbuchverse. Zur Konfirmation gab es das obligatorische Gesangbuch mit Goldschnitt. Dann kam die Zeit, in der man in Jugendkreisen und Gottesdiensten vorzugsweise Lieder sang, die auf hektografierten Blättern verteilt wurden. Im Theologiestudium war es allerdings schon ein Ereignis, wenn einer der Professoren seine Vorlesungen morgens um acht mit einem Choral begann. Ansonsten waren Kirchenlieder kein Thema der theologischen Ausbildung. Erst als Vikar und später als Pfarrer wurde mir allmählich klar, wie wichtig Kirchenlieder für unsere Frömmigkeit oder, wie man heute sagen würde, für unsere evangelische Spiritualität sind. Nach und nach wurde mir bewusst, dass unsere Lieder und insbesondere das Kirchengesangbuch für viele und in vielen Situationen ausdrucksstärker und sogar wichtiger als die Bibel sind.

In meiner Tätigkeit als Seelsorger bemerkte ich schon bald, dass ich am Krankenbett oder bei einem Sterbenden mithilfe von Liedversen oder mit einer Choralmelodie sehr viel leichter Trost und Vertrauen vermitteln konnte als durch Glaubenswahrheiten und Schriftworte. Doch auch Kinder im Religionsunterricht und Konfirmanden nehmen die Frohe Botschaft durch Lieder leichter auf als durch irgendein gesprochenes Wort. Während meiner Zeit als Pfarrer der Evangelischen Christuskirche in Rom begriff ich erst recht, dass unsere Kirchenlieder wirklich einen großen Schatz bergen: Immer wieder kamen Menschen in den Gottesdienst, die wegen mangelnder Sprachkenntnisse Predigt und Liturgie kaum folgen konnten, die aber vom Gemeindegesang tief bewegt waren.

Wenn sich andere christliche Konfessionen durch prächtig bebilderte Kirchen oder durch die Schönheit der gottesdienstlichen Liturgie auszeichnen, wenn dort der Duft von Weihrauch oder die reichen Gewänder der Geistlichen beeindrucken, so ist es in evangelischen Gemeinden die Musik und insbesondere der Gesang der Gemeinde, der den Gottesdienst prägt. Sicher, was wäre ein evangelischer Gottesdienst ohne den gefühlten und geforderten

Mittelpunkt, der Predigt? Aber dass und wie der Glaube gesungen wird, ist für Protestanten von besonderer Bedeutung, denn ein evangelischer Gottesdienst ohne Gemeindegesang ist schlechterdings nicht vorstellbar.

Die Reformation singt

Zwar hat die Reformation das Gesangbuch und den Gemeindegesang nicht erfunden. Kirchliche Reformbewegungen des ausgehenden Mittelalters, wie etwa die „Böhmischen Brüder", schufen schon vorher Gesangbücher für die Gemeinde. Nicht nur Geistliche und in der Chormusik Geschulte sollten geistliche Musik vortragen, sondern auch die Gemeinde selbst sollte das Lob Gottes singen.

Dieses Anliegen, alle Christen in die Gestaltung der Gottesdienste mit einzubeziehen, oder anders gesagt, das „Priestertum aller Gläubigen" war ein Grundanliegen der Reformation und machte den Gemeindegesang in kürzester Zeit zu einem festen und prägenden Moment evangelischer Frömmigkeit. Martin Luther hat nicht nur durch seine wortgewaltige Übersetzung der Heiligen Schrift sprachbildend und Glaubensidentität stiftend gewirkt, sondern auch die Lieder, die er dichtete und zum Teil auch komponierte, waren wegweisend und beispielhaft. Davon finden wir viele heute noch in unserem Gesangbuch, wie „Ein feste Burg ist unser Gott" und „Vom Himmel hoch, da komm ich her". Luther griff bei seinen Liedern gerne auf mittelalterliche liturgische Lieder und Texte zurück, bemühte sich aber auch darum, biblische Texte, besonders Psalmen, durch Lieder leichter zugänglich zu machen. Das Singen geistlicher Lieder sollte *„das heylige evangelium ... treyben und in schwanck bringen"* (Vorrede zum Chorgesangbuch, 1524).

1529 wurde das „Klug'sche Gesangbuch" in Wittenberg gedruckt. Es wurde zum Prototyp des evangelischen Gesangbuches, weil neben Noten und Text der Lieder auch Gebete und Bilder enthalten waren. Das Gesangbuch war damit von Anfang an für den Gottesdienst und das häusliche Gebet bestimmt. Neben Bibel und Katechismus wurde es sehr schnell zum Instrument der

Emanzipation der Gemeinde: Alle sollten das Wort Gottes lesen, sich sicheren Grund der Lehre aneignen und Gottesdienst im eigenen Hause und in der Kirche aktiv mitfeiern können.

Über viele Jahrhunderte sang man jedoch in den Gottesdiensten auswendig, vor allem auf dem Lande, wo längst noch nicht alle des Lesens kundig waren oder sich ein Gesangbuch leisten konnten. Oft besaßen es nur Pfarrer und Kantor, die für den Gemeindegesang verantwortlich waren. Erst im 18. Jahrhundert wurde der Gesangbuchgebrauch für alle Gemeindeglieder allgemein üblich.

Der Schweizer Reformator Johannes Calvin (1509–1564), der alles schmückende Beiwerk in Kirchenbau und Gottesdienst ablehnte, teilte jedoch Luthers Ansicht, dass der Glaube immer auch zu singen sei. Aber während Luther, wie schon erwähnt, ohne Zögern vorhandenes Liedgut und liturgische Elemente aufnahm oder sie umgestaltete, solange diese seinen biblischen Maßstäben entsprachen, wollte Calvin und die reformierte Tradition allein Worte der Bibel im Lied zum Klingen bringen. So finden sich im calvinistischen Gesangbuch, dem „Genfer Psalter" von 1562, ausschließlich Psalmen und wenige andere biblische Texte. Erst am Ende des 18. Jahrhunderts erfolgte auf reformierter Seite eine offizielle Freigabe nichtbiblischer geistlicher Gesänge für den gottesdienstlichen Gebrauch.

Hauptsache Musik

Insbesondere Konfirmanden, aber auch immer mehr erwachsene Gottesdienstbesucher neigen dazu, Musik und Lieder als „Pausen" im Gottesdienstverlauf anzusehen, in denen man ein Schwätzchen hält, bei dem die Orgel mit einigen singenden Gemeindegliedern den musikalischen Hintergrund bildet. Es mag zwar unseren Alltagsgewohnheiten entsprechen, Musik als „Klangteppich" für Gespräche und Arbeit zu benutzen, im Gottesdienst aber sind Musik und Gesang nicht Neben-, sondern Hauptsache. Singen ist kein Pausenfüller, bis der Pfarrer wieder auftritt, sondern Beten, Predigen und Bekenntnis der

Gemeinde. Singen ist Gottesdienst im besten und umfassendsten Sinn – und den leistet die Gemeinde.

Viele Menschen besuchen den Gottesdienst eigentlich wegen der Lieder oder kämen zumindest ohne die vertrauten Lieder längst nicht mehr zur Kirche, gerade auch an Weihnachten. Immer sind es in den Gemeinden die „Heiligabend-Christen", die am lautesten protestieren, wenn die guten alten Weihnachtsklassiker nicht gesungen werden. Das ist sehr verständlich, denn wenn Menschen in die Kirche kommen, dann wollen sie mitwirken, mitgestalten, einstimmen –, und das können sie nur, wenn die Gemeinde die ihnen vertrauten Lieder singt. Ähnlich verhält es sich bei Taufen und Trauungen oder anderen Festgottesdiensten: Bei der Auswahl der Lieder wirken die Taufeltern oder Brautleute, die Taufpaten oder Trauzeugen gerne mit und wünschen sich ihnen bekannte Lieder, weil sie spüren, dass im Singen Gemeinschaft und aktive Teilnahme am Gottesdienst entsteht.

Lieder kommen und gehen – und manche bleiben

Im „Evangelischen Gesangbuch" (EG), das in den 1990er-Jahren im deutschen Sprachraum eingeführt wurde, sind Lieder von Martin Luther zu finden. Aber es sind ebenso Lieder aus allen Jahrhunderten bis hin zu neuen geistlichen Liedern der Gegenwart enthalten. Es war ein langer, oft harter und auch schmerzlicher Prozess, bis sich alle Beteiligten und Gremien auf die Auswahl der Lieder verständigt hatten. Alte Lieder haben ein Comeback erlebt, wie etwa „So nimm denn meine Hände", weil sie vielen Menschen bis heute Trost und Zuversicht geben können. Neue Lieder wie „Von guten Mächten wunderbar geborgen" wurden aufgenommen und werden ebenfalls gerne und häufig gesungen. Manche alten Choräle wurden mit neuen Texten versehen und dadurch zu „Schlagern", wie etwa das viel gesungene „Vertraut den neuen Wegen". In den meisten Gemeinden wurde das neue Gesangbuch nach kurzer Zeit akzeptiert, und kaum einer wünscht sich das alte zurück.

Ein ständiger Wandel des Gemeindegesangs ist seit der Reformation im Gange: In den ersten Jahren nach der Reformation ging es erst einmal darum, überhaupt einen Fundus an Liedern in deutscher Sprache zu schaffen. Aber schon bald wurde ein anderes Anliegen vordringlich: der Frömmigkeit der jeweiligen Zeit Ausdruck zu geben. Die evangelische Religiosität hat sich im Laufe der Jahrhunderte stark gewandelt, was in den jeweiligen Gesangbüchern seinen Niederschlag fand. In den geistlichen Liedern des ausgehenden 16. Jahrhunderts treten etwa das Ich des Liederdichters und sein subjektives Empfinden stärker hervor. Aus dieser Zeit stammt z. B. das Lied „Wie schön leuchtet der Morgenstern" von Philipp Nicolai (1556–1608). Ein weiterer Einschnitt ist im 17. Jahrhundert festzustellen, in dem trotz und auch gerade wegen der bitteren Zeit des 30-jährigen Krieges die geistliche Lyrik erblüht ist, insbesondere in Person von Paul Gerhardt (1607–1676). „Ich steh' an deiner Krippen hier" oder „Geh aus mein Herz und suche Freud" gehören bis auf den heutigen Tag zu den unverzichtbaren Standards des Gemeindegesangs. Im 18. Jahrhundert folgen die „Erbauungsfrömmigkeit" des Pietismus. Als schönes Beispiel dafür findet sich im Evangelischen Gesangbuch etwa Gerhard Tersteegens Lied „Gott ist gegenwärtig" (1729). Im krassen Gegensatz dazu entstanden rationalistische Gesangbücher, in denen es um „vernünftige Selbstliebe", „Verpflichtung zur Arbeit" und „Mäßigkeit und Keuschheit" ging und die sich redlich bemühten, dem aufgeklärten Menschen dogmatische wie ästhetische Anstöße, die der „aufgeklärte" Christ in den althergebrachten Liedern fand, zu beseitigen. Einer der Großen der Zeit der Aufklärung, Friedrich Gottlieb Klopstock (1724–1803), ist immerhin noch mit einem Lied („Herr, Du wollest uns bereiten") im Gesangbuch vertreten.

Im Verlauf dieser unterschiedlichen Entwicklungen gab es immer wieder heftige Auseinandersetzungen um Gesangbücher und Lieder. So schrieb Johann Gottfried Herder 1778 in seiner Vorrede zum Hoffmannischen Gesangbuch: *„Ich halte … jedes Land, jede Provinz für glücklich, der man noch ihren alten Gott, Gottesdienst und ihr altes Gesangbuch lässt und eine ganze Gemeinde nicht täglich oder sonntäglich mit Verbesserungen martert."* Dieser Satz wurde so oder so ähnlich sicher manches Mal in der Kirchengeschichte gesprochen und geschrieben. Auch in den letzten Jahrzehnten war das Singen der evangelischen Gemeinden oft ein mehr oder weniger mühsames Ringen um die richtige Form in Text und Musik, um auf der einen Seite nicht mit guten Traditionen zu brechen, auf der anderen Seite aber auch nicht gegenwartsfremd zu sein. Oft genug wurden Sonntagsgemeinden auf eine musikalische Reise geschickt, die von Bach bis Gospel, von Pietismus bis Kirchentag reichte.

Das Gesangbuch und die Lieder der Gemeinden sind nun einmal so vielfältig wie die Geschichte und Frömmigkeit der Kirche. Sie sind nichts anderes als Spiegel der „Seele" der Gemeinde. Eine Kirche – und damit verbunden eine Tradition –, die wie die evangelische darin ihre Eigenheit hat, dass sie dem Einzelnen und der Gemeinde ein hohes Maß an Freiheit in Glaubensdingen zuspricht, wird gerade in den Ausdrucksformen der Frömmigkeit eine große Vielfalt dulden und sogar fördern. Im Blick auf den Gesang der Gemeinde bedeutet dies, dass es ein sehr gutes Zeichen für die Lebendigkeit der Kirche ist, wenn zwar als Gemeinde selten noch mehrstimmig gesungen wird, aber die Musik und die Lieder in unseren Gottesdiensten dennoch „vielstimmig" sind, da sie aus den unterschiedlichsten Zeiten und Traditionen schöpfen. Das zeigt sich auch darin, dass neben dem „kirchenoffiziellen Kanon" der Kirchenlieder im Gesangbuch oft Liedblätter und Liederbücher, die dem Evangelium immer neu Ausdruck verleihen, zum selbstverständlichen gottesdienstlichen „Alltag" gehören. Selbst in Zeiten wie dem 17. Jahrhundert, als der Kirchengesang von Hofpredigern, Konsistorien und deren Privilegien gesteuert werden sollte, gab es Hausgesangbücher, die in sehr eigner Auswahl neben den amtlich verordneten Gesangbüchern kirchliches Liedgut pflegten. Vielfalt hat evangelische Tradition!

Vielfalt und Einheit

So wird in evangelischen Gemeinden mit gutem Grund „Das Lob der Vielfalt" gesungen. Auf der anderen Seite ist es wichtig zu überlegen, wie Lieder auszusehen haben, die möglichst viele Menschen unterschiedlicher Herkunft,

Tradition und Bildung ansprechen, um über Gruppen und Kirchengrenzen hinaus gemeinsam Gott zu bekennen, zu ihm zu beten und ihn zu loben.

Im aufkommenden Nationalstaat des 19. Jahrhunderts stellte sich diese Aufgabe neu. Ein *„christliches teutsches Gesangbuch“* sollte entstehen, nicht nur für die Christen eines besonderen Bekenntnisses oder einer bestimmten Frömmigkeitsform, sondern mit Liedern für alle Christen *„ohne Unterscheid des besonderen Bekenntnisses“* (Ernst Moritz Arndt, 1769–1860). Ein heikles Unternehmen nach Jahrhunderten konfessionellen „Kleinkrieges“! Aber der neue nationale Zeitgeist ließ gelingen, was früher undenkbar schien. 1829 legte Friedrich Schleiermacher sein „Gesangbuch zum gottesdienstlichen Gebrauch für evangelische Gemeinden“ vor, das mit 876 Liedern versuchte, vielen Strömungen des Protestantismus gerecht zu werden. Die weitere Diskussion dieses Anliegens führte zu einer Auswahl von 150 „Kernliedern“, die 1854 von der Eisenacher Kirchenkonferenz festgehalten wurden. Ein gemeinsames „Evangelisches Kirchengesangbuch“ (EKG) gab es in Deutschland allerdings erst 1950 (nach langen Vorarbeiten seit 1939). 394 Lieder wurden in seinem „Stammteil“ aufgenommen, die die einzelnen Landeskirchen durch Regionalteile ergänzten.

Wie schon viele andere Gesangbücher in der Vergangenheit, hatte das EKG einen Textteil, der das persönliche Gebet, Predigttexte und Bekenntnisse enthielt. Dadurch blieb es immer auch ein Andachtsbuch für den persönlichen und häuslichen Gottesdienst. Das Gleiche gilt auch für das „Evangelische Gesangbuch“ (EG) aus den 1990er-Jahren, dem zumindest in der bayerischen und württembergischen Variante wieder Bilder beigegeben wurden.

Einen besonderen Akzent im Blick auf die Einheit, die ein Gesangbuch zu schaffen vermag, setzt die badische Ausgabe des EG, die gemeinsam mit den evangelischen Kirchen im Elsass und in Lothringen verantwortet wird und politische Grenzen überschreitend kirchliche Verbindungen und Verbundenheit betont.

Unser Schatz

Der evangelische Gottesdienst lebt also unter anderem vom Gesang, von alten und neuen Liedern, vom Gemeinde- und vom Chorgesang, von Orgel und Gitarre. Natürlich wird auch in anderen Konfessionen gesungen. So ist besonders im deutschsprachigen Raum der Gesang der Gemeinde seit dem Zweiten Vatikanischen Konzil Anfang der 1960er-Jahre ebenfalls zu einem tragenden Element der katholischen Messe geworden. Und die Katholiken hatten keine Scheu, bei der Auswahl für ihr „Gotteslob" auf evangelisches Liedgut zurückzugreifen. Evangelische Christen finden viele „gute alte Bekannte" im katholischen Gesangbuch. So kann man im Blick auf die Kirchenmusik sagen, dass die katholische Kirche evangelischer geworden ist. Mit großer Begeisterung werden etwa die Werke von Johann Sebastian Bach (1685–1750) in den großen Kirchen Roms aufgeführt. Und warum sollte man nicht auch mit ein bisschen Stolz sagen dürfen, dass es typisch evangelisch ist, den Glauben gemeinsam als Gemeinde zu singen?

Die schöneren Bilder schmücken andere Kirchen und festlicher ist die Liturgie anderer Konfessionen, aber wir Protestanten singen den Glauben seit bald 500 Jahren in Liedern, die von Generation zu Generation weitergegeben werden, in Liedern, die mit neuem Rhythmus und zeitgemäßen Worten daherkommen. Und insbesondere unser Kirchengesangbuch ist ein echtes „Schatzkästchen" evangelischer Kultur, Musik und Sprache, Frömmigkeit und Weltsicht. Gut darum zu wissen und den Reichtum unserer alten und neuen Lieder zu bewahren: und zwar singend!

Das Abendmahl

Gemeinsam feiern und bekennen

3 Die Rückkehr des Abendmahls

Sonntagmorgen im evangelischen Gottesdienst: Nach der Predigt wird Abendmahl gefeiert. Der Pfarrer oder die Pfarrerin lädt alle getauften Christen zum Mahl des Herrn ein, auch Kinder oder Konfirmanden, die entsprechend unterwiesen sind, und auch Christen anderer Konfessionen. Alle, die am Mahl teilnehmen möchten, sei es im dunklen Kostüm oder in Jeans, sammeln sich im Kreis um den Altar. Brot und Wein werden weitergereicht, zum Schluss reichen sich die Abendmahlsgäste die Hände und empfangen den Segen.

So oder so ähnlich wird heute in evangelischen Kirchen Abendmahl gefeiert. Die Versammlung der Gemeinde um den Tisch des Herrn ist in den Gottesdienst zurückgekehrt. Das Abendmahl wird häufiger als noch vor einigen Jahrzehnten gefeiert, in vielen Gemeinden mindestens einmal im Monat, und es gibt keine strenge Kleiderordnung mehr. Es ist zum freudigen und erfreulichen Ereignis im Gottesdienst geworden. Vorbei die Zeiten, als ein kleines Grüppchen nach vorheriger Anmeldung beim Pfarrer im Anschluss an den Wortgottesdienst blieb, um Leib und Blut Christi zu empfangen. Vorbei auch die Zeiten, in denen man sich wie zum Gang zur Beerdigung gewandete. In vielen Gemeinden nehmen inzwischen auch wieder junge Leute, Konfirmanden und Kinder, am Abendmahl teil. Die Gemeinschaft am Tisch des Herrn wird betont, die Gemeinschaft des Herrn Jesus Christus, in der alle Menschen gleich sind und sich gegenseitig in Brot und Wein vergewissern und bestärken. Man darf ruhig ein Lächeln wagen, einen freundlichen Blick zum Nachbarn am Tisch des Herrn. Man muss sich am Altar nicht zerknirscht und schuldgebeugt geben.

Genau das ist die Stärke des evangelischen Abendmahls heute: Es ist kein exklusiver Zirkel einer bestimmten Sorte Christen unter kirchenamtlichem Ausschluss der anderen. Wer getauft ist und die Gemeinschaft in Jesus Christus sucht, ist herzlich eingeladen. Auch Christen anderer Konfessionen sind beim Abendmahl willkommen. Die evangelische Theologie beansprucht keine allein selig machende Heilsvermittlung durch einen unvermeidlichen priesterlichen Mittler zwischen Himmel und Erde. Es gibt auch keine liturgische Form, die allein durch den richtigen Vollzug schon heilswirksam ist.

Das evangelische Abendmahl ist einladend und offen, ohne liturgische Zwänge und Enge, ohne dogmatischen Druck. Aber selbstverständlich herrscht auch hier keine Beliebigkeit. In der Regel leitet ein Pfarrer oder eine Pfarrerin die Feier des Abendmahls, und bestimmte liturgische Elemente wie die Einsetzungsworte gehören dazu. Ein evangelisches Abendmahl kann aber auch von Laien, die dazu beauftragt sind, oder, wenn dies die Situation erfordert, von jedem konfirmierten Gemeindemitglied geleitet werden, z. B. dort, wo Menschen in Lebensgefahr sind oder keine Möglichkeit haben, einen Gemeindegottesdienst zu besuchen.

Mich hat es immer wieder berührt, wenn Aussiedler aus Russland erzählt haben, wie tapfere Frauen oder Männer in der kommunistischen Ära über Jahrzehnte die wenigen Christen in ihrer Umgebung in ihren Wohnzimmern zusammenriefen. Dabei wurde nicht nur die Bibel ausgelegt, sondern auch Kinder getauft und Abendmahl gehalten, ohne dass sie dafür ausgebildet oder offiziell berufen worden wären. Ebenso selbstverständlich wurde ich in Frankreich während meines sozialen Friedensdienstes als Theologiestudent in einem nahe gelegenen evangelischen Altersheim gebeten, Gottesdienste zu halten und Abendmahl zu feiern, ohne darauf vorbereitet zu sein, da der zuständige Pfarrer weit entfernt wohnte und nur sehr sporadisch vorbeikommen konnte.

Auch in der evangelischen Tradition wurde das rechte Abendmahlsverständnis immer wieder heiß diskutiert. Heute wird aber selbst ein Pfarrer, der sich in einer evangelischen Gemeinde bewirbt, kaum irgendwo mehr danach gefragt. Vielmehr geht es den Gemeinden in erster Linie darum, dass die Pfarrerin oder der Pfarrer das Mahl des Herrn möglichst einladend gestaltet und es versteht, viele Gemeindeglieder für diese innigste Form christlicher Gemeinschaft zu gewinnen. In der Freiheit bei der Gestaltung des Altarsakraments, die sich in den letzten Jahrzehnten durchgesetzt hat, wird heute das Abendmahl bei den Gottesdiensten der Kirchentage mit vielen Tausend Teilnehmern in großen Stadien oder Messehallen genauso würdig gefeiert wie mit einer Handvoll junger Leute bei einer Konfirmandenfreizeit oder im sonntäglichen Gottesdienst. In dieser Freiheit haben die Evangelischen das Abendmahl in den letzten drei Jahrzehnten wiederentdeckt und wiedergewonnen.

③ Liturgische Leichtigkeit und geistliche Tiefe

Natürlich birgt diese Freiheit auch ihre Gefahren: Driftet die evangelische Kirche nicht manchmal zu weit ab von ihrer eigenen Abendmahlstradition und der unserer ökumenischen Partner? Wie kann das Abendmahl vor Beliebigkeit und Bedeutungslosigkeit geschützt werden? Haben evangelische Mahlfeiern Ernsthaftigkeit genug, damit auch erkennbar bleibt, dass Brot und Wein beim Abendmahl etwas anderes sind und das Mahl etwas Heiliges, Heilstiftendes ist? Ist das Abendmahl so, wie es heute gefeiert wird, noch ein Sakrament, eine Handlung, die unbedingt auf Gottes Gegenwart verweist?

Dabei geht es auch ganz handfest um Fragen wie z. B., ob der Wein einfach durch Traubensaft ersetzt werden kann. Als ich vor einiger Zeit mit Schülern eine Abendmahlsfeier vorbereitet habe, schlugen einige ernsthaft vor, statt Wein oder Traubensaft doch Sekt zum Abendmahl zu verwenden, der sei ja schließlich auch auf Traubenbasis gekeltert. Die Mehrheit war schließlich doch dafür, Wein zu nehmen, aber die Anfrage, die hinter diesem Vorschlag steckt, ist berechtigt. Wo ist die Grenze der Interpretationsfreiheit? Gleiches gilt auch für das Brot. In manchen Kirchen wird zum Abendmahl beliebiges Toastbrot aus dem Supermarkt oder Fladenbrot geteilt, während vor allem lutherische Gemeinden nach wie vor auf Hostien zurückgreifen. Mancherorts hat der örtliche Bäcker eine besondere Form oder auch ein besonderes Rezept für das Abendmahlsbrot, damit man den Unterschied sieht und schmeckt. Auch hier wäre zu fragen, ob nicht im verwendeten Brot schon der besondere Charakter des Mahls zu sehen und zu schmecken sein sollte oder ob es einfach der Fantasie des Pfarrers oder Kirchendieners überlassen bleibt, in welcher Gestalt der Leib Christi gereicht wird.

Ein weiteres Problem ist der würdige Umgang mit den Brot- und Weinresten nach dem Abendmahl. Ich kann nicht katholische Mitchristen, die mit Brot und Wein die konkrete Präsenz Christi verbinden, zum Abendmahl einladen, um ihnen anschließend meine evangelische Freiheit zu beweisen, indem ich die Brotreste vom Abendmahl für die Enten und den restlichen Wein fürs Mittagessen mitnehme. Hier ist Rücksicht auf Frömmigkeit und Gefühl der Abendmahlsgäste und Ernsthaftigkeit im Umgang mit dem, was uns heilig ist, gefragt.

Aber nach guter evangelischer Tradition werden die theologischen und praktischen Fragen nicht von oben oder außen beantwortet. Auch wenn sich Theologie, Kirchenleitung und Synoden selbstverständlich damit beschäftigen, liegt die Verantwortung letztlich bei den Gemeinden selbst, den Pfarrern und Ältesten. Sie sind dafür verantwortlich, dass immer wieder der Blick auf die theologische Literatur oder auf die Bekenntnisschriften gerichtet wird und dass die gesamtkirchlichen und die ökumenischen Dimensionen erkannt werden, damit das Besondere des Abendmahls gewahrt bleibt und liturgische Leichtigkeit und geistliche Tiefe zusammenkommen.

Diese Verantwortung wird in den Gemeinden heute sehr ernst genommen. Es wird sehr bewusst nach guten Wegen gesucht, um vorhandene Traditionen mit neuen Erfahrungen zu verbinden und um offen, aber auch ernsthaft bei der Sache zu sein. So ist in den letzten Jahren etwa gerade im Umgang mit Brot und Wein mehr Sorgfalt erkennbar. Liturgische Texte und Formen werden mit Bedacht gewählt und auch bei der Raumgestaltung werden neue und abendmahlsfreundliche Akzente gesetzt. So wird z. B. der Altar oder ein Abendmahlstisch in die Mitte der Kirche oder des Altarraums gestellt, damit sich die Gemeinde tatsächlich um den „Tisch des Herrn" versammeln kann und damit die Gemeinschaft all derer, die sich trotz ihrer Unterschiedlichkeit zum gemeinsamen Mahl einfinden, auch sichtbar und spürbar wird. Ein anderes Element, das breiten Anklang gefunden hat, ist der Friedensgruß, den sich die Abendmahlsteilnehmer gegenseitig zusprechen.

Brot und Wein und die Gegenwart Christi

Wer zum Thema Abendmahl einen Blick in die Bibel wirft, wird ähnlich wie bei anderen Themen unterschiedliche Texte und Akzente finden. So berichtet etwa die Apostelgeschichte schlicht davon, dass *„einmütig hin und her in den*

Häusern das Brot gebrochen" wurde (Apostelgeschichte 2,46). Konkreter wird es bei Paulus, der im 1. Korintherbrief davon ausgeht, dass das Herrenmahl als Sättigungsmahlzeit gefeiert wurde. Er rät aber, davon Abstand zu nehmen, weil es dabei zu Konflikten zwischen Arm und Reich kam (vgl. 1. Korinther 11). Wie ging es nach Paulus weiter?

Überraschenderweise gab es in den ersten Jahrhunderten der Kirchengeschichte keine großen Lehrstreitigkeiten zum Thema Abendmahl. Das mag daran gelegen haben, dass kultische Mahlzeiten selbstverständlicher Bestandteil verschiedener Religionen waren und deshalb das Abendmahl in der antiken Welt schlicht und einfach als ein Mysterium eingeordnet wurde; ein geheimnisvolles, kultisches Geschehen, das nicht weiter zu hinterfragen oder zu deuten war, das dem antiken Mysteriendenken und -empfinden entsprach und weder formal noch liturgisch streng geregelt sein musste. Bereits bei den Kirchenvätern Justin (ca. 100–165), Origenes (185–254) und Irenäus (135–202) finden sich Formulierungen, die Brot und Wein als mit göttlichen Kräften versehene und die göttlichen Kräfte vermittelnde Elemente deuten. Augustinus (354–430) interpretiert das Abendmahl hingegen symbolisch und betont die geistige Vereinigung mit Christus, die durch den Genuss von Brot und Wein stattfindet. Der Konflikt, der in der Reformationszeit die Auseinandersetzung um das Abendmahl bestimmt hat, war also schon in der frühen Kirche angelegt. Dass er zu diesem Zeitpunkt noch nicht offen ausgebrochen ist, lag wohl daran, dass man im antiken Denken noch nicht deutlich zwischen Symbol und Wirklichkeit unterschied. Es stand außer Frage, dass in jedem auf Gott verweisenden Gegenstand (Symbol) auch Gottes Gegenwart (Wirklichkeit) zu finden sei. Wer also im Namen Gottes Brot und Wein reichte, der vermittelte mit diesen Elementen Gott. Der Gedanke, dass ein als heilig angesehener Gegenstand oder ein heiliger Text nur Materie, also gottlos, sein könnte, war den Menschen fremd.

So konnte sich in der frühen Christenheit, je nach religiöser und philosophischer Prägung der jeweiligen Gemeinde oder des jeweiligen Theologen, ein sehr unterschiedliches Abendmahlsverständnis ausprägen, ohne dass dies zu großen Auseinandersetzungen führen musste. Das Abendmahl konnte sich an jüdischen Traditionen wie etwa dem Passahmahl, an griechischen oder an römischen Opfermahlen oder Mysterienkulten orientieren. Brot und Wein wurden dabei manchmal stärker symbolisch, manchmal aber auch sehr realistisch als Leib und Blut Christi gedeutet. Die Unterscheidung war aber nie grundsätzlicher Natur.

Erst im 9. Jahrhundert begann man, philosophisch zwischen Symbol und Wirklichkeit zu unterscheiden. Beim Abendmahl wollte man diese Unterscheidung jedoch nicht mitvollziehen. Es war wohl nur die Bedeutung, die Augustinus als Theologe für das Mittelalter hatte, die dazu führte, dass sich der Gedanke der realen Gegenwart Christi in Brot und Wein erst im 11. Jahrhundert dogmatisch durchsetzte: Im gewandelten Brot und Wein ist und bleibt Jesus Christus real gegenwärtig. Dazu kam die katholischerseits bis heute gültige Lehre, dass der Priester in jeder Eucharistiefeier das Opfer Jesu wiederholt. Beides hatte zur Folge, dass das priesterliche Handeln immer mehr in den Vordergrund trat, dagegen der Gedanke der Kommunion und der Gemeinschaft im Angesicht Gottes sowie die Bedeutung der Gemeinde immer mehr geschwunden ist.

1215 wurde schließlich die sogenannte Transsubstantiationslehre, die später von der Reformation infrage gestellt wurde, dogmatisiert und damit verbindlich: Jeder Christ im Abendland hatte nun zu glauben, dass Brot und Wein in der heiligen Messe substanziell in Leib und Blut Christi verwandelt würde. Die Folge dieser Dogmatisierung war eine wachsende Scheu, oder besser gesagt Angst, vor den heiligen Elementen, in denen ja schließlich der leibhaftige Christus verborgen sein soll. Der gemeine Christenmensch empfängt seither in der katholischen Kirche in der Regel nur noch eine Hostie, die gleichzeitig zum Gegenstand der Verehrung wurde, was insbesondere im Fronleichnamsfest bis heute seinen Ausdruck findet.

Die Reformation veränderte das Abendmahlsverständnis grundsätzlich: Martin Luther betont das Abendmahl als Sakrament der wechselseitigen Liebe zwischen Christus und den Gläubigen sowie die Einsetzungsworte als das zentrale Element der Abendmahlsfeier. Verworfen wird der Gedanke der Wiederholung des Opfers Christi durch die Eucharistie. Damit wird auch die Rolle des Geistlichen neu bestimmt: Statt Priester und Heilsmittler ist er in der reformatorischen Sicht nun Pastor, Pfarrer, Teil der Gemeinde. Sein einziger besonderer Vorzug besteht darin, dass er eine besondere theologische Ausbildung und kirchliche Unterweisung erfahren hat und daher bei der Austeilung des Sakraments eine besondere Verantwortung trägt.

Luther hält an der realen Präsenz Christi in den Elementen des Abendmahls fest. Für ihn ist klar, dass Christus sich im Moment des gläubigen Empfangens von Brot und Wein mit deren Substanz verbindet, um eins zu werden mit der versammelten Abendmahlsgemeinde. Ulrich Zwingli (1484–1531) und Johannes Calvin (1509–1564) kehren dagegen zurück zu einer symbolischen Deutung des Abendmahls, wie dies bereits von Augustin vertreten wurde. Calvin betont, dass die Gläubigen sich im Geist zum himmlischen Christus erheben sollten, um mit ihm eins zu werden.

Der Streit um die rechte Deutung des Abendmahls zerklüftete die Reformation. Man zankte sich über Jahrhunderte hinweg um verbindliche und verbindende Formulierungen der Abendmahlslehre. Noch in unseren Tagen kann ein unterschiedliches Abendmahlsverständnis auch Protestanten trennen. Ein ebenso betagter wie berühmter evangelischer Theologe erklärte mir einmal nach dem Gottesdienst in der Christuskirche in Rom, er habe heute leider nicht am Abendmahl teilnehmen können, weil ich das Sakrament nicht „ordentlich" ausgeteilt hätte. Ein kleines Indiz dafür, dass wir auch in der evangelischen Welt durchaus unterschiedlicher Meinung im Blick auf die rechte Abendmahlspraxis sein können.

Immerhin – und zum ersten Mal seit der Reformation – wurde 1973 mit der „Leuenberger Konkordie" eine Erklärung unterzeichnet, mit der die Kirchen der Reformation sich darauf einigten, dass das gemeinsame Abendmahl als Zeichen der Gemeinschaft in Jesus Christus wichtiger sei als die immer noch unterschiedlichen theologischen Lehrmeinungen. Man vermochte also den alten Streit nicht wirklich aus der Welt zu schaffen, aber schloss sich wenigstens nicht mehr gegenseitig vom Abendmahl aus. Schweizer Reformierte und norddeutsche Lutheraner, rheinische Unierte und italienische Waldenser gewährten einander jetzt Gemeinschaft im Abendmahl.

Ein schwacher Trost

Ganze 450 Jahre hat es gedauert, bis – mit wenigen Ausnahmen – wenigstens innerevangelisch eine offizielle Abendmahlsgemeinschaft in Europa hergestellt wurde und bis man erklären konnte, dass aufgrund des gemeinsamen Verständnisses des Evangeliums die traditionellen Lehrverurteilungen ihr kirchentrennendes Gewicht verloren haben. Dauert es noch einmal 450 Jahre, bis auch Abendmahlsgemeinschaft mit der katholischen und orthodoxen Christenheit hergestellt werden kann? Im kirchenoffiziellen Kontakt mit den katholischen und den orthodoxen Christen ist man leider immer noch weit davon entfernt, die spürbare und sichtbare Einheit in Jesus Christus über das theologische Gezänk zu stellen. Gerade die katholische Seite wird nicht müde zu betonen, dass die Mahlgemeinschaft erst am Ende einer theologischen Verständigung liegen und nicht als Zeichen des Aufbruchs an den Anfang gesetzt werden kann. Auch der Dialog mit den orthodoxen Kirchen ist in den letzten Jahren zäher und schwieriger geworden.

Es wird also noch dauern, bis es ein offizielles gemeinsames Abendmahl als sichtbares Zeichen der Einheit aller Christen geben wird, und daran werden auch vollmundige Erklärungen besten ökumenischen Willens und großformatige Veranstaltungen wie etwa der Ökumenische Kirchentag nichts ändern. Noch werden auf katholischer Seite alle streng bestraft, die die Grenze überschreiten und vernehmlich zum gemeinsamen Herrenmahl einladen. Auch konfessionsverschiedenen Eheleuten ist es, zumindest offiziell, auferlegt, durch eucharistische Enthaltsamkeit beim Besuch des Gottesdienstes der anderen Konfession „an der Trennung zu leiden“. Gemeinsames Handeln von Christen und Gemeinden unterschiedlicher Konfession kann ebenfalls nicht durch ein gemeinsames Abendmahl besiegelt und gefeiert werden.

3 Ein starkes Zeichen

Aber wenn schon nicht ökumenisch gemeinsam gefeiert werden kann, dann sollte es wenigstens in den evangelischen Kirchen und Gemeinden geschehen. Es gibt keinen anderen Moment im Leben der Gemeinde und im Glauben an Jesus Christus, der dichter und eindringlicher wäre als das heilige Abendmahl. Es ist die sichtbare Gemeinschaft von Starken und Schwachen, Jungen und Alten, Männern und Frauen, von Immer-schon-da-Gewesenen und Neu-Hinzugekommenen. Jeder, der in Jesu Namen kommt, ist herzlich willkommen – ohne Ausnahme!

In unserer Welt, in der Individualität und Fragmentierung die Gesellschaft prägen, in der Zusammenhalt und Rücksicht fehlen, gibt es kein stärkeres Zeichen für das, was die Welt braucht und was der Glaube schenkt, als das Abendmahl: Ein Sonntagmorgen in einer deutschen Kleinstadt. Etwa 35 Gottesdienstbesucher in der evangelischen Kirche. Nicht gerade viele. Aber dann stehen sie um den Altar. Konfirmanden, zwei Mütter mit ihren kleinen Kindern, Männer jenseits der persönlichen Hochleistungsphase, Gemeindevorsteher, Damen vom Frauenkreis, ein Herr, der erst seit wenigen Tagen aus der Psychiatrie entlassen wurde, und noch ein paar mehr. Sie bilden einen Kreis um den Altar, eine zusammengewürfelte Gruppe, die Sinnbild dafür ist, dass wir alle Hilfe, Vergebung und Versöhnung brauchen, dass Menschen unterschiedlichster Herkunft zusammenstehen und wahrnehmen sollen, wer da sonst noch ist und was zu tun ist. Das ist Kirche im besten Sinne des Wortes, in der wenigstens für einen Moment die Schranken fallen, alle auf gleicher Augenhöhe stehen und Kinder Gottes sind, alle von einem Teller und aus einem Kelch empfangen und sich um einen Mittelpunkt versammeln – und Christus mitten unter ihnen!

Die Konfirmation

Mit 14 treten alle an

4 Konfirmation prägt

In den meisten evangelischen Gemeinden und Landeskirchen ist 14 immer noch das Alter für die Konfirmation. Auch wenn vielerorts darüber diskutiert wird, ob mitten in der Pubertät der richtige Zeitpunkt sei, um Jugendlichen eine verbindliche Antwort in Glaubensfragen abzufordern, so ist es doch größtenteils dabei geblieben: Mit 14 wird konfirmiert. Mit 14 sollen junge evangelische Christen das Versprechen einlösen, das ihre Eltern und Paten bei der Kindertaufe gegeben haben. Sie sollen nun ihr eigenes Bekenntnis zu Jesus Christus sprechen und ihre Bereitschaft ausdrücken, den christlichen Glauben selbst zu verantworten und aktiv zu leben. Nur ausnahmsweise und meist gegen den Widerstand der Betroffenen wurde der Konfirmationstermin in einzelnen Gemeinden um ein oder zwei Jahre nach hinten verlegt.

Die meisten evangelischen Jugendlichen wollen auch dabei sein und nehmen die damit verbundenen Pflichten auf sich: den Konfirmandenunterricht und den regelmäßigen Gottesdienstbesuch. Abgesehen von den „neuen“ Bundesländern ist es immer noch eher die Ausnahme, dass Jugendliche, die evangelisch getauft sind, nicht zur Konfirmation gehen. Im Gegenteil: Es sind sogar etliche, die als Kinder nicht getauft wurden, aber nun den Konfirmandenunterricht der Gleichaltrigen zum Anlass nehmen, sich taufen zu lassen.

Wenn nach einem ganz typisch evangelischen Ritus gefragt wird, dann ist sicher die Konfirmation zu nennen: Sie ist in der Glaubensbiografie der meisten Protestanten ein wichtiges und herausragendes Datum. Selbst wenn ab und an der Verdacht geäußert wird, dass viele doch nur „wegen der Geschenke“ zur Konfirmation gehen würden, so kann ich aus meiner Gemeindeerfahrung und auch aus vielen Gesprächen in der Schule sagen, dass die Geschenke zwar einen Anreiz darstellen, aber bei den wenigsten Jugendlichen der entscheidende Grund dafür sind, dabei zu sein. Stattdessen sind immer wieder Neugier auf die Kirche und auf das, was sie zu bieten hat, Glaubensfragen und Familientradition im guten Sinne dabei. Alles in allem also eine gute Mischung aus ganz unterschiedlichen Motiven, die dieses wichtige Kennzeichen evangelischer Frömmigkeit am Leben erhält.

Glücklicherweise wird die Konfirmation und damit auch der Konfirmandenunterricht in seiner Bedeutung von evangelischen Gemeinden und Pfarrern gleichermaßen hoch eingeschätzt und mit Eifer und Sorgfalt gestaltet. Im Gegensatz zum schulischen Religionsunterricht haben Konfirmandenunterricht und Konfirmation eine ganz eigene Dynamik und leben von der personalen und räumlichen Nähe zur Gemeinde, von den unmittelbaren Erfahrungen mit Kirche, die die 14-jährigen in dem einen oder den zwei Jahren davor und bei der Feier selbst machen. Viele der Jugendlichen spüren einfach, wie wichtig die Konfirmation für die Erwachsenen war. Sie nehmen sie deshalb ernst und suchen ihre eigene Erfahrung damit. Und selbst wenn nach der Konfirmation kaum mehr einer der eben erst feierlich in den Kreis der erwachsenen Gemeinde Aufgenommenen im Gottesdienst und Gemeindeleben zu sehen ist, ist doch bei vielen Jugendlichen die Konfirmation die Erfahrung, die sie in besonderer Weise an die evangelische Kirche bindet. Die meisten von ihnen nehmen das bei der Konfirmation abgegebene Versprechen in ihrer Weise ernst. Ohne die Konfirmation würde die Erosion der evangelischen Kirche in viel drastischerer Weise voranschreiten.

Erkenntnis und Bekenntnis, Segnung und Sendung

Die Geschichte der Konfirmation beginnt bereits vor der Reformation. Im Bemühen darum, die Kindertaufe beizubehalten, aber gleichzeitig einen biografischen Moment der bewussten Entscheidung für den Glauben zu schaffen, entwickelten schon die Waldenser und die Böhmischen Brüder als Vorläufer der Reformation Konfirmationsriten. Das Sakrament der Taufe sollte nach einer angemessenen Unterweisung im christlichen Glauben durch das persönliche Bekenntnis des jungen Christen und die anschließende Handauflegung ergänzt werden. Diese Elemente der Konfirmation gehören bis auf den heutigen Tag zusammen: Unterricht und Einsegnung, Erkenntnis und Bekenntnis. Die Zugehörigkeit zur Kirche soll nicht irgendwie „vererbt“ werden und der

Glaube nicht dumm sein. Jeder Christ soll über die Grundlagen des Glaubens Bescheid wissen und dann feierlich seine Taufe bestätigen.

Die Reformatoren, allen voran der im Elsass und in Süddeutschland einflussreiche Martin Bucer (1491–1551), nahmen diesen Gedanken, der bereits im späten Mittelalter lebendig gewesen war, auf. Und wenn auch die Konfirmation in den Augen Luthers nicht mehr als ein kirchlicher Brauch war, den er zwar als nützlich, aber nicht als unbedingt notwendig ansah, so setzte sie sich doch in allen evangelischen Kirchen als eine sakramentale Handlung durch. Sie wurde von Anfang an mit dem entsprechenden Unterricht und einer Katechismusprüfung, einer Abfrage des christlichen Grundwissens, und mit der anschließenden Zulassung der Konfirmanden zum Abendmahl verbunden.

So selbstverständlich der Ritus der Konfirmation auch durch die Jahrhunderte hindurch von Generation zu Generation gepflegt und weiter praktiziert wurde, so unterschiedlich waren doch die Deutungen, die man der Konfirmation gab: Der Pietismus betonte, dass es in der Konfirmation um die persönliche Erneuerung des Taufbundes ginge sowie darum, durch die Unterweisung „Kopf und Herz" miteinander zu vereinen und gleichermaßen zu formen. Das Gefühl stand dabei im Vordergrund: Die jungen Menschen sollten emotional betroffen ihr Leben in Christi Hand legen. Die Aufklärung sah wiederum in der Konfirmation ganz praktisch den „Eid zum bürgerlichen Leben": Die Konfirmation sollte in dieser Zeit ganz rational die menschlichen Tugenden durch Unterricht und Einsegnung stärken und zum verantwortlichen Leben verpflichten. Wir würden heute sagen: Die Werte der bürgerlichen Gesellschaft sollten vermittelt und verbindlich gemacht werden.

Im 19. Jahrhundert gab es Überlegungen, die Konfirmation als Abschluss der Zeit der kirchlichen Unterweisung zu feiern und erst später, wenn die jungen Menschen reif dazu wären, die Zulassung zum Abendmahl auszusprechen. Dieser Gedanke ist für uns heute etwas überraschend, denn in der zweiten Hälfte des 20. Jahrhunderts wurde das genaue Gegenteil propagiert: In vielen Kirchen und Gemeinden können getaufte Kinder heute lange vor der Konfirmation zum Abendmahl gehen. Nach einer entsprechenden Unterweisung, etwa im Rahmen des Kindergottesdienstes oder wenn die Eltern die Erklärung der Bedeutung des Abendmahls übernehmen und gemeinsam mit ihren Kindern zum Abendmahl gehen, sind auch sie eingeladen. Besonders dort, wo das Abendmahl ohnehin mit Traubensaft und nicht mehr mit Wein gefeiert wird, ist dies unproblematisch. So wurde die Zulassung zum Abendmahl in den letzten Jahrzehnten stärker an die Taufe als Voraussetzung geknüpft, während der Konfirmandenunterricht und die Einsegnung meist an das traditionelle Alter gebunden blieb.

Visitenkarte Konfirmation

Auch der Konfirmandenunterricht und die Feier der Konfirmation haben sich im Zuge der neueren theologischen und pädagogischen Diskussionen stark verändert. Im Unterricht steht nicht mehr das Auswendiglernen von Katechismus und Liedern im Vordergrund. Wie auch in Schule und Religionsunterricht spielt die Persönlichkeit der Jugendlichen eine größere Rolle, und es wird versucht, auf die jeweils persönlichen Fragen, Anliegen und Interessen einzugehen, die individuelle Sprachfähigkeit der Konfirmanden in Glaubensfragen zu fördern und neue Formen des Unterrichts und Methoden der Vermittlung einzubringen. Schließlich soll auch der Konfirmandenunterricht auf Augenhöhe zum pädagogischen Handeln in anderen Bereichen der Gesellschaft, insbesondere der Schule, bleiben. In vielen Konfirmandengruppen geht es um den kreativen Umgang mit der Bibel, die szenische Darstellung oder das eigene Gestalten von Bildern und Texten, um zeitgemäße musikalische Ausdrucks- und Bekenntnisformen sowie um Praktika in Gemeindeeinrichtungen und Gemeindegruppen. Der Unterricht kann aber auch als ein kompaktes Blockseminar stattfinden – drei Wochen abseits vom alltäglichen Familien-, Schul- und Gemeindebetrieb, um in einem ansprechenden Ambiente das Evangelium zum Sprechen zu bringen. Die Vielfältigkeit der Methoden und Wege spiegelt verschiedene theologische und pädagogische Ansätze, Gottes Wort Raum zu geben.

Viele Jugendliche, die zum Konfirmandenunterricht kommen, haben nur wenig oder gar keine Erfahrung mit Bibel, Gebet, Gottesdienst und Gemeinde. Deshalb müssen sie erst einmal mit Räumen, Gesten, Personen und Strukturen in der Kirche vertraut gemacht werden. Konfirmandenunterricht wird damit zu einer Form der Alphabetisierung in allen Bereichen von Glauben und Kirche: Diejenigen, die das kleine Einmaleins des Glaubens als Kinder gelernt haben, sind heute klar in der Minderheit. Selbst in Familien, in denen der Glaube, die Bibel und das Gebet noch eine Rolle spielen und in denen die Konfirmanden vorher den Kindergottesdienst und natürlich auch den Religionsunterricht besucht haben, sind andere Einflüsse wie Schule und Medien sehr viel stärker und prägender. Die Kinderbibel versinkt in der Masse der Kinderbücher. Die wenigen christlichen Motive verblassen in der Flut der Bilder. Die Lieder aus dem Kindergottesdienst sind in der Menge der Kinderlieder nur eine Randerscheinung. Die Kultur des Glaubens taucht also nur am Rande der Gesellschaft auf und der bestimmende Charakter, den die christliche Kultur einmal hatte, ist in unseren Breiten flächendeckend auch bei denen, die bewusst danach suchen, durch eine Vielfalt anderer Einflüsse ersetzt. Das ist weder so dramatisch, wie es vielleicht klingt, noch ein rein evangelisches Problem und bedeutet nicht, dass der Glaube keine Chance mehr hat. Vielleicht nähern wir uns heute einfach nur immer mehr der Situation, in der auch die frühe Christenheit in den ersten Jahrhunderten im Römischen Reich lebte: eine Umwelt, in der der christliche Glauben nicht dominiert, sondern mehr oder weniger toleriert wird. Gerade deshalb hat das Christentum aber seine Chance, an- und ernst genommen zu werden als alternatives Lebensmodell zu dem, was in der Gesellschaft sonst angepriesen wird. Der Konfirmandenunterricht muss der Situation, dass ihn viele Jugendliche besuchen, aber wenige mit dem christlichen Glauben vertraut sind, Rechnung tragen – und er tut es auch.

Viele Eltern und Großeltern machen mit ihren Kindern ebenfalls neue Erfahrungen mit dem Glauben und der Kirche, wenn sie in das Konfirmationsgeschehen einbezogen werden. Auch in dieser Hinsicht hat sich der Konfirmandenunterricht verändert. Der Traditionsverlust, die innere und äußere Distanz zur Glaubenswelt ist nicht nur ein Problem der Jugendlichen, sondern auch der Älteren und Alten geworden.

Im Zuge dieser Veränderungen ist in den meisten Gemeinden aus der guten alten „Konfirmandenprüfung" ein „Vorstellungsgottesdienst" geworden: Nicht traditionelle Texte, Bekenntnisse und Lieder stehen im Vordergrund, sondern eigene Fragen und selbst formulierte Antworten der Konfirmanden, moderne Lieder und Versuche, den christlichen Glauben in zeitgemäßen Worten auszudrücken, bestimmen das Geschehen. Kreative Formen werden ausprobiert, neue Worte, Bilder und Töne gesucht.

Nicht zuletzt haben sich auch die Konfirmationsfeiern selbst verändert. Das beginnt bei der Kleiderordnung und reicht bis zur Form der Einsegnung. Geblieben ist aber, dass der Konfirmationsgottesdienst mit der Einsegnung den feierlichen Höhepunkt bildet und dass die Familien in den meisten Fällen daran regen Anteil nehmen. Geblieben ist auch die Konzentration auf die Segenshandlung als eine im wahrsten Sinne des Wortes anrührende und unter die Haut gehende Geste der Bestärkung und des Zuspruchs. Vielleicht kann man hier sogar von einer Wiederentdeckung sprechen. Ebenfalls geblieben ist die Verbindung der Einsegnung mit dem Zuspruch eines Bibelwortes und der Urkunde oder einem anderen Geschenk der Gemeinde.

Der Gottesdienst zur Konfirmation ist glücklicherweise immer noch ein absoluter Höhepunkt im Gottesdienstkalender der Gemeinden. Selbst diejenigen, die nicht einmal mehr an Weihnachten zur Kirche gehen, machen ihre persönlichen Erfahrungen beim Konfirmationsgottesdienst ihrer Tochter oder ihres Patenkindes zum Kriterium für ihr positives oder negatives Bild von Kirche. Man kann als Gemeinde oder als Pfarrer vieles im Kirchenjahr getrost falsch machen – aber die Konfirmationsgottesdienste sollten wohl bedacht und gestaltet sein. Sie sind in besonderer Weise die Visitenkarte einer evangelischen Gemeinde.

Konfirmation und Veränderung

Wie wird es weitergehen mit der Konfirmation? Auch wenn immer wieder Detailfragen diskutiert werden, wie etwa das Konfirmationsalter und die Verknüpfung von Konfirmation und Abendmahl, besteht doch Einigkeit darüber, dass dieses so typisch evangelische Element kirchlichen Lebens voller Leben und voller Chancen steckt. Natürlich hat die Konfirmation längst ihre Bedeutung als Übergangsritual zwischen Schulzeit und Berufsleben verloren, denn heute endet die Schul- und Ausbildungszeit in vielen Fällen nicht mit 14, sondern oft erst mit 28 Jahren. Trotzdem hat sie ihren Platz im kirchlichen und gesellschaftlichen Leben behalten.

Die Bedeutung von Übergangsriten ist auch für den christlichen Glauben unbestreitbar. Deshalb haben sich neben der Konfirmation neue „Konfirmationsriten" in Form gottesdienstlicher Feiern, die bestimmte biografische Veränderungen akzentuieren, herausgebildet. Dazu zählen z. B. die überaus gut besuchten Einschulungsgottesdienste oder die in vielen Schulen üblichen Gottesdienste, mit denen Schulabschlussklassen ihren Übergang aus der Schul- in die Berufswelt begehen. Ich selbst habe gerade bei Einschulungsgottesdiensten die ABC-Schützen um den Altar versammelt und ihnen die Hand zum Segen für ihren Schulweg aufgelegt. Diese Geste wurde von Kindern und Eltern gerne angenommen.

Überhaupt spricht vieles dafür, die Praxis der Tauferinnerungsfeiern zu bestärken, in denen ja immer auch so etwas wie Konfirmation steckt. Im Laufe eines Christenlebens gibt es immer wieder Gelegenheiten, bei denen es guttut, mit Gottes Wort und Segen ausgerüstet zu werden. Schön fand ich es während meiner Zeit in der römischen Gemeinde, dass neue Gemeindemitglieder, die zugezogen waren und sich der Gemeinde anschlossen, nicht nur begrüßt, sondern auch mit Handschlag und Schriftwort in die Ortsgemeinde aufgenommen wurden.

Unter diesem Vorzeichen steht die traditionelle evangelische Konfirmation mitten im pubertären Lebensumbruch in einer Reihe von Segensriten, die das Leben begleiten und prägen. Sie hat aber ihre besondere Bedeutung durch die damit verbundene Unterweisung und die feierliche Einführung und Aufnahme des Konfirmanden in die erwachsene Gemeinde.

Welchen kirchenrechtlichen Charakter soll aber die Konfirmation haben? Ohne Konfirmation kein Patenamt, keine kirchliche Trauung, kein kirchliches Wahlrecht? Der evangelische Trend geht in eine andere Richtung: Es gibt starke Argumente dafür, die Taufe als wichtigstes Kriterium der Zulassung zum kirchlichen Leben nicht infrage zu stellen. Gerade weil von protestantischer Seite im ökumenischen Gespräch immer wieder eingefordert wird, dass jeder getaufte Christ Anrecht auf die volle Gemeinschaft in Christus hat, und weil damit etwa gegenüber der katholischen Kirche die Abendmahlsgemeinschaft aller Getauften reklamiert wird, können schwerlich diejenigen in den eigenen Reihen ausgeschlossen werden, die aus irgendwelchen Gründen ihre Konfirmation verpasst haben.

Trotzdem haben solche Christen tatsächlich etwas verpasst: Auf die Frage, was jungen und auch älteren Menschen aus ihrem Kontakt mit Kirche am besten in Erinnerung geblieben ist, kommt oft die Antwort: meine Konfirmation. Mit „Konfirmation“ ist bei manchen die Zeit des Konfirmandenunterrichts gemeint, bei anderen das Fest samt Geschenken. Nicht selten ist es aber auch der feierliche und eindrückliche Einsegnungsgottesdienst. All das bedeutet „Konfirmation“. Die Konfirmanden spüren, dass es dabei um weit mehr geht als um Belehrung und Fest, Geschenke und Gruppenerfahrung. Sie spüren, dass sie bei der Konfirmation von all dem etwas mitnehmen, was sie stärkt und fordert. Und beides tut ihnen gut!

Die Ordination von Frauen

Frauen am Altar

Die Stimme des Apostels

Paulus, der Apostel, schreibt im 1. Korintherbrief (Kapitel 14,4/33–35): *„Wie in allen Gemeinden der Heiligen sollen die Frauen schweigen in der Gemeindeversammlung, denn es ist ihnen nicht gestattet zu reden, sondern sie sollen sich unterordnen, wie auch das Gesetz sagt. Wollen sie aber etwas lernen, so sollen sie daheim ihre Männer fragen. Es steht der Frau schlecht an, in der Gemeinde zu reden.“*

Diese Sätze haben auch in der evangelischen Tradition über Jahrhunderte die Wirklichkeit bestimmt. Sie sind das Spiegelbild einer patriarchalen Struktur, die von Anfang an ganz selbstverständlich aus dem gesellschaftlichen Umfeld in die Kirche übernommen wurde. Zwar war den Frauen das Wort in der Kirche nicht schlechterdings verboten, denn der Apostel Paulus geht in seinem schon zitierten Brief an die Korinther davon aus, dass Frauen in der Gemeinde auch öffentlich beten und prophezeien (vgl. Kapitel 11,5), aber es sollte seiner Ansicht nach die Ausnahme bleiben.

An dieser Auffassung hielt man in der Kirche über die Jahrhunderte fest, obwohl schon das Alte Testament von gottesmächtigen Frauen erzählt, die Israel erretteten und lenkten: So wird Mirjam, der Schwester des Mose in 2. Mose 15,21 ein Psalm zugeschrieben, der in der Bibelforschung zu den ältesten Traditionsstücken des Alten Testaments überhaupt gezählt wird. Zwei der alttestamentlichen Bücher tragen die Namen der Frauen Ruth und Esther, deren Handeln und Reden damit hervorgehoben wird. Und schließlich wurde Israel in der Zeit vor den Königen sogar von einer Frau geführt und vor Unglück bewahrt: der Richterin Deborah.

In den Evangelien finden sich Frauen zwar nicht im Dienst der Verkündigung, aber Jesus hatte nach diesen Ausführungen ganz selbstverständlichen Umgang mit ihnen. Wenn er von einer Frau angesprochen wurde, konnte es durchaus geschehen, dass er sich von ihr eines Besseren belehren ließ (vgl. Matthäus 15,21–28). Auch Paulus hatte auf seinen Missionsreisen die Erfahrung gemacht, dass es oft Frauen waren, die ihn unterstützten und durch ihren lebendigen Glauben die Gemeinden trugen. So berichtet die Apostelgeschichte, dass es zwar ein Mann war, der Paulus des Nachts nach Europa rief, aber eine Frau namens Lydia, die ihn tatkräftig unterstützte und sich und ihr Haus bereits taufen ließ, als die Männer noch auf Distanz zu Paulus blieben oder ihn gar anfeindeten (vgl. Apostelgeschichte 16).

Dennoch: Frauen blieben bis ins 20. Jahrhundert vom ordinierten Pfarramt ausgeschlossen. Die Stimme des Apostels, der den Frauen den Mund in der Gemeinde verboten hatte, blieb dominant. Die christliche Kirche vermochte in der Frauenfrage ebenso wenig über den Schatten der Gesellschaft zu springen, wie bei der Ächtung der Sklaverei. Paulus und die übrigen Lehrer der Kirche stellten die Ordnung der Gesellschaft nicht infrage. Zwar sollten Respekt und Achtung, Liebe und Rücksicht den Umgang aller Menschen miteinander bestimmen, aber die soziale Ordnung der Gesellschaft durfte nicht angetastet werden: *„Ein jeder bleibe in dem Stand, in dem er berufen wurde“* (1. Korinther 7,20). So sollten auch die Frauen hübsch artig so bleiben, wie es die Gesellschaft für sie vorsah, d. h. ohne öffentliche Auftritte. Einzig in den christlichen Frauenorden bekleideten Frauen leitende Ämter innerhalb der Ordensgemeinschaft.

Auch für die Reformation war das kirchliche Amt für Frauen kein Thema. Katharina von Bora (1499–1552) wurde als Gattin an der Seite Martin Luthers zwar zur weiblichen Leitfigur, blieb aber stets nur die kraftvolle und entschiedene Gehilfin ihres Mannes, der, unterstützt durch seine treue und tapfere Frau, der Welt zu trotzen vermochte.

Erst im 19. Jahrhundert gab es zum ersten Mal seit der Reformation Frauen, die sichtbar hervorgehobene Funktionen in der evangelischen Kirche wahrnahmen: die Diakonissen. Aber damit diese oft aus bürgerlichen und gebildeten Kreisen stammenden Frauen sichtbar und manchmal auch hörbar werden konnten, mussten sie sich mit als spezifisch weiblich angesehenen Aufgaben wie Krankenpflege und Kinderbetreuung begnügen und im Zölibat leben, was in der evangelischen Tradition mit ihrer vehementen Kritik am katholischen Zölibat schon bemerkenswert ist.

Neue Perspektiven

Auch in den evangelischen Kirchen wehrte man sich lange, die Gleichberechtigung der Frauen in den Gemeinden zuzulassen. Dabei hatte doch bereits der Apostel Paulus, auf den man sich so gerne berief, um die Frauenordination zu verhindern, auch geschrieben: *„Ihr seid alle durch den Glauben Gottes Kinder in Christus Jesus ... Hier ist nicht Jude, noch Grieche, hier ist nicht Sklave, noch Freier, hier ist nicht Mann, noch Frau; denn ihr seid allesamt einer in Christus“* (Galater 3,26.28). Ist das nicht ein starkes Plädoyer für Emanzipation – nicht nur der Frauen? Hier ist die Gleichberechtigung in Christus, die nicht nach Rasse, Stand und Geschlecht unterscheidet, deutlich ausgesprochen und festgestellt: Aber es bedurfte einer sehr langen Zeit, bis der Bann der gesellschaftlichen Konvention, der Tradition und Gewohnheit gebrochen wurde und schließlich alle Landessynoden in Deutschland Frauen im Pfarramt und am Altar zuließen. Auch weltweit haben mittlerweile die meisten, aber bei Weitem nicht alle evangelischen Kirchen Frauen und Männer im kirchlichen Dienst gleichgestellt.

Nachdem die Frauenbildungsbewegung durch die Diskussion um die Zulassung von Frauen zur universitären Ausbildung am Ende des 19. Jahrhunderts auch im deutschen Kaiserreich erste Erfolge erringen konnte, wurden 1903 die ersten Frauen trotz vielfacher Bedenken zum Theologiestudium zugelassen. Noch war man zwar im Allgemeinen davon überzeugt, dass Bildung und intellektuelle Arbeit dem Wesen der Frau fremd sei, aber man war immerhin bereit, Ausnahmen gelten zu lassen.

Doch erst der akute Pfarrermangel während des Ersten Weltkrieges führte dazu, dass Frauen auch zu pastoralen Tätigkeiten herangezogen wurden. So folgte dem ersten Schritt, der den Frauen seit der Jahrhundertwende die Möglichkeit zum Studium der Theologie eröffnet hatte, ein zweiter: Theologisch gebildeten Frauen wurde zugebilligt, im pastoralen Hilfsdienst zu wirken. Ebenso wie von den Diakonissen wurde von ihnen jedoch ein Verzicht auf Ehe und Familie gefordert, solange sie ein Amt in der Kirche wahrnehmen. Noch war aber selbst unter den Frauen im 1925 gegründeten „Verband evangelischer

Theologinnen Deutschlands" nicht die Rede davon, dass Frauen in Pfarrstellen berufen werden sollten. Noch waren sie bereit, spezifisch weibliche Dienstformen und Aufgaben zu akzeptieren, und wollten als Dienerinnen der (von Männern dominierten) Kirche gesehen werden. Sie arbeiteten in Frauengefängnissen oder in pädagogischen Einrichtungen für Mädchen, kümmerten sich um weibliche Berufsgruppen oder Seniorinnen und konzentrierten sich ganz auf sozial-diakonische Aufgaben.

Erste Bestrebungen, die eine stärkere Anerkennung der theologischen Kompetenz und des kirchlichen Wirkens der Frauen zum Ziel hatten, zielten in den 1930er-Jahren auf die Schaffung eines frauenspezifischen Pfarramtes. Es sollte eine „weibliche" Form pfarramtlichen Wirkens entwickelt werden. Man (bzw. frau) sah sich damit also (noch) nicht in Konkurrenz zum Pfarramt der männlichen Theologen. Allerdings machten die Theologinnen bald die enttäuschende Erfahrung, dass sie in unattraktive und abhängige Positionen innerhalb der Kirche abgedrängt wurden – zumindest so lange, bis die Kirchenleitungen und Gemeinden durch den im Zweiten Weltkrieg erneuten Mangel an Pfarrern genötigt waren, auf weibliche Seelsorgerinnen zurückzugreifen. Nachdem aus den „Gehilfinnen im pastoralen Dienst" zuerst „Pfarramthelferinnen" geworden waren, wurden die Theologinnen nach einigem Ringen um ihre Anerkennung nun zu „Vikarinnen", die auch mit der Sakramentsverwaltung beauftragt wurden und zum ersten Mal in Gemeindepfarrstellen berufen werden konnten, anstatt, wie bisher, nur in Krankenhäusern und anderen Anstalten zu wirken.

Die Not des Zweiten Weltkrieges hatte die Situation also entscheidend verändert. Da die meisten Pfarrer zum Wehrdienst herangezogen worden waren und Gemeinden vakant blieben, waren die geistliche Not und die Lücken in der pastoralen Versorgung in den Kriegsjahren groß. Theologinnen, die zwar ordentlich ausgebildet, aber bis dahin nie in ein ordentliches Pfarramt eingesetzt wurden, leisteten einen außerordentlichen Dienst in den Pfarrstellen. Und warum sollte das, was in den Kriegsjahren gut und richtig gewesen war, nach dem Krieg nicht fortgeführt werden? Aus welchem ernsthaften Grund sollten die Frauen, die sich als Pfarrerinnen bewährt hatten, nach dem Krieg aus der Verantwortung gedrängt werden?

Trotzdem dauerte es noch 20 Jahre, bis in den deutschen Landeskirchen die schrittweise Gleichstellung der Frauen im ordinierten Amt in den Jahren 1966 bis 1980 realisiert wurde und schließlich sogar eine erste evangelisch-lutherische Bischöfin gewählt wurde. In enger Anlehnung an die gesamtgesellschaftliche Veränderung wurde auch in den Kirchen eine grundsätzliche Diskussion über die Rolle der Frau geführt, die nicht nur, aber auch auf die Gleichberechtigung der Theologinnen abzielte.

Die historisch-kritische Bibelauslegung leistete dabei einen wichtigen Beitrag in der Argumentation und Entscheidungsfindung: Immer deutlicher trat bei näherer kritischer Betrachtung der biblischen Texte zutage, dass die patriarchalische Tradition die Bedeutung der Frauen in den frühen christlichen Gemeinden bei der Entstehung dieser Gemeinden heruntergespielt oder wegretuschiert hatte. Es sind deutliche Hinweise erkennbar, dass Frauen nicht nur eine entscheidende Rolle bei der materiellen Unterstützung Jesu und der Apostel, sondern auch in der Verkündigung gehabt hatten.

Erfreulicherweise hat diese neue Sicht und Bewertung der biblischen Überlieferung inzwischen auch in weiten Teilen der römisch-katholischen Kirche zu der Einsicht geführt, dass weder das männliche Priesteramt noch der Zölibat biblisch zu legitimieren sind, sondern allein auf der Tradition gründen. Ob sich deshalb in den nächsten Jahren auch dort etwas bewegen wird? Immerhin hat die weltweite anglikanische Kirche, wenn auch unter schweren Kämpfen und unter der Gefahr des Zerbrechens ihrer Einheit, inzwischen die Frauenordination eingeführt. Folgerichtig gibt es inzwischen nicht nur anglikanische Priesterinnen, sondern auch Bischöfinnen.

In den evangelischen Landeskirchen in Deutschland sind Pfarrerinnen heutzutage in vielen Gemeinden und allen kirchenleitenden Funktionen ganz selbstverständlich tätig. Auch wenn es immer noch einzelne Stimmen gibt, die Vorbehalte gegen Frauen am Altar äußern, so ist der gleichberechtigte Dienst der Pfarrerinnen doch in den letzten 25 Jahren keine Ausnahme mehr, sondern die Regel. Gut die Hälfte der Studienanfänger im Fach Theologie ist inzwischen weiblich, ebenso fast die Hälfte der auszubildenden Vikarinnen und Vikare. Die Tatsache, dass die Personalsituation in den evangelischen Landeskirchen noch nicht allzu kritisch ist, ist auch darin begründet, dass viele Pfarrstellen von Frauen wahrgenommen werden. Es ist eben nicht nur der Zölibat, der zum Priestermangel in der katholischen Kirche führt!

Was aber für uns in Deutschland schon fast alltäglich geworden ist, das ist in der weltweiten evangelischen Ökumene noch nicht selbstverständlich. Es mag überraschen, aber es ist u. a. die lutherische Kirche in den USA, die mehrheitlich die Frauenordination verweigert. So habe ich es zuerst mit Erstaunen, dann mit Erschrecken zur Kenntnis genommen, als mir eine Gemeindegruppe aus der nordamerikanischen lutherischen *Missouri-Synod* nach einem Gottesdienst begeistert erzählte, dass es in ihrer Kirche jetzt tatsächlich möglich sei, dass Frauen eine Lesung im Gottesdienst übernehmen. Von der ersten Lesung im Gottesdienst bis zur Frauenordination ist es noch ein weiter Weg!

Aber auch protestantische Kirchen in Osteuropa und auf anderen Kontinenten befinden sich noch mitten in der Diskussion um die Gleichberechtigung der Frauen in der Kirche. An manchen Orten mit evangelischer Prägung versucht man sogar das Rad der Zeit wieder zurückzudrehen – immer wieder auch mit dem Verweis auf die ökumenische Dimension der Frauenordination. Und das ist tatsächlich nicht von der Hand zu weisen: Im Dialog mit den orthodoxen Kirchen und natürlich im Gespräch mit der römisch-katholischen Kirche gäbe es ein Problem weniger, wenn die Frauenordination nicht existierte. Aber war die Ökumene leichter und offener, als wir die Frauenordination noch nicht hatten? Sollte die evangelische Freiheit, die darin besteht, biblisch begründete neue Wege und Einsichten in die Tat umzusetzen, in der vagen Hoffnung verlassen werden, dafür Applaus von anderen zu erhalten?

Eines sollten evangelische Christen in Deutschland aber nicht vergessen, wenn sie im Blick auf andere christliche Konfessionen lauthals Unverständnis über eine sture Linie in Sachen Gleichberechtigung der Frauen und Frauenordination anprangern: Zwar sind wir Protestanten heute anderen Kirchen einen Schritt voraus, aber noch nicht sehr lange! Es hat Jahrhunderte gedauert, bis wir erkannt haben, dass das eingangs zitierte Schweigegebot, das Paulus den Frauen in den Gemeindeversammlungen auferlegte, durch das andere Pauluswort relativiert wird: dass nämlich nach Galater 3 in Christus Frau und Mann in der Gemeinde gleichberechtigt sind und demnach auch Frauen Wort und Sakrament verwalten können. Der größere Teil der Weltchristenheit ist dieser Einsicht leider noch nicht gefolgt. Wir Protestanten aber haben sie, die Frauen am Altar, die Frauen im Talar. Und das ist, wenn auch seit nicht allzu langer Zeit, „typisch evangelisch".

Noch nicht am Ziel

Trotz formaler Gleichberechtigung und der Existenz von evangelischen Bischöfinnen gibt es noch viel zu tun, bis das ebenbürtige Miteinander von Frau und Mann im kirchlichen Dienst ganz selbstverständlich ist. Manche Theologin gibt zu bedenken, dass Frauen nicht einfach in Männerrollen schlüpfen und diese genauso ausfüllen könnten wie ihre männlichen Kollegen. Frauen würden ihr Pfarramt oft anders wahrnehmen, hätten andere Fähigkeiten und setzten andere Prioritäten als ihre Amtsbrüder. Darauf müssten sich die Kirchen und Gemeinden einlassen. Da es zudem immer noch v. a. von den Frauen erwartet werde, dass sie ihre Berufstätigkeit den Belangen ihrer Kinder und ihres Ehemannes unterordnen und ihr Pfarramt und ihre pastorale Karriere auch von daher anders gestalten müssten, sei es problematisch, dass ihre Leistungen einfach nur an denen ihrer männlichen Kollegen gemessen würden.

Ich höre aus diesen Stimmen den Ansatz, den Theologinnen in den 1920er-Jahren gerne vertraten: Frauen haben und brauchen ein eigenes Amtsverständnis. Frauen betreiben Theologie und Seelsorge auf andere und eigene Weise. Seien wir gespannt, welche Blüten und Früchte auf diesem Weg eines genuin weiblichen Amtsverständnisses zu sehen und zu ernten sein werden und welche theologischen Schwerpunkte die weibliche Perspektive der Theologie schafft!

Immerhin haben die Frauen im Amt heute im Unterschied zu ihren Schwestern vor hundert Jahren die formale Gleichberechtigung erreicht und sich vom Gängelband maskuliner Weltwahrnehmung frei gemacht. Unzweifelhaft ist jedenfalls, dass es nicht einfach nur eine evangelische Besonderheit, sondern ein Teil des Reichtums ist, dass Frauen nicht nur als Leistungsträgerinnen im Gemeindeleben sind, sondern auch im Dienst der Verkündigung, Seelsorge und Organisation der Gemeinde.

Der evangelische Kirchenraum

Dem Glauben einfach Raum geben

Schlicht und einfach

Der evangelische Kirchenraum erfüllt seinen Zweck, wenn er dazu verhilft, Gottes Wort gut zu hören und zu verstehen, die Andacht erleichtert, die Menschen zusammenführt und sie vor schlechtem Wetter schützt. Landauf, landab ist es den meisten evangelischen Kirchen auch anzusehen, dass sie allein an diesem Maßstab gemessen werden. Nüchterne, helle Räume, Bänke oder Stühle zum Altarraum ausgerichtet, ein wenig Farbe durch buntes Glas in den Fenstern und durch die Paramente, den farbigen Motivteppichen am Altar und an der Kanzel – das ist alles.

Auch wenn in den letzten Jahren neue Gestaltungselemente wie Osterkerzen, Grünpflanzen oder sogar zeitgenössische Kunst in vielen evangelischen Kirchen Einzug gehalten haben, bleibt es immer noch dabei, dass der protestantische Gottesdienstraum einfach ausgestattet ist. Das liegt nicht daran, dass evangelische Gemeinden immer ärmer sind als die anderen, wie einer meiner Schüler einmal im Religionsunterricht meinte. Evangelische Kirchen sind deshalb so zurückhaltend gestaltet, weil der Raum keinerlei Anspruch erhebt, göttliche Eigenschaften zu verkörpern. Gott ist unter uns Menschen allein durch sein Wort, in der Gemeinschaft des Glaubens und der Glaubenden. Es ist nicht der Raum, der durch Bild oder Größe, durch Schmuck oder Reichtum etwas vom Göttlichen verkörpert.

Während meines letzten Urlaubs las ich im Vorbeigehen auf einer katholischen Kirche folgende Inschrift über dem Eingangsportal: *Domus Dei,* zu Deutsch: Haus Gottes. Dahinter steckt ein klarer Anspruch. Diese Kirche ist und soll ein Ort sein, an dem Gott wohnt. Deshalb wird über dem Eingang sein Namensschild angebracht. Und wenn es tatsächlich das Haus Gottes sein soll, muss es auch entsprechend geschmückt und gestaltet werden, wobei das Beste gerade gut genug ist, um diesem Anspruch gerecht zu werden. Dann werden edle Hölzer, Goldglanz, Marmor, Schnitzwerk und viel Farbe benötigt, um dem Herrn ein Haus zu bereiten, das seiner Allmacht und Größe entspricht.

Zu dieser Vorstellung ging die Reformation ausdrücklich auf Distanz. Denn auch wenn eine Kirche würdig und schön sein soll, so soll die Last, die den

Menschen durch den Kirchenbau und den Kirchenschmuck auferlegt wird, diese nicht bedrücken. Die Kirche soll zwar der ganzen Gemeinde Raum geben, aber es darf keinen Wettbewerb geben, immer größer und aufwendiger zu bauen, auf dass eine Gemeinde die andere übertrumpfe und aussteche.

Kirchen sollen in erster Linie Zweckbauten sein, die Wort und Sakrament Raum geben. So braucht es eigentlich nicht mehr als Kanzel, Taufbecken und Altar, daneben eine Orgel, Bänke und vielleicht Emporen, wenn die Gemeinde groß ist. Diese Elemente der Gestaltung können dann je nach Mitteln mehr oder weniger aufwendig sein. Außerdem ist die Kirche auch nur Gottes Haus, solange die Gemeinde darin ihren Gottesdienst feiert. Ist der Gottesdienst zu Ende, wird die Kirche geschlossen und der Gottesdienst wird im Alltag und Zuhause eines jeden Christen fortgesetzt, in seinem Beruf und in seiner Familie. Deshalb sind evangelische Kirchen auch traditionell außerhalb der Gottesdienstzeiten geschlossen. Der Einzelne kann auch zu Hause beten oder auf der Straße, denn Gott ist dort, wo wir ihn anrufen. Er wohnt nicht in der Kirche, sodass ich dorthin gehen müsste, um ihn zu erreichen und zu sprechen.

Aus diesem Grund gibt es in der evangelischen Tradition auch keine Pilgerfahrten zu besonderen heiligen Orten und Kirchen, da sich Gott doch nicht an Orte und Kirchen binden lässt. Protestanten, die nach Israel fahren oder nach Wittenberg, versprechen sich davon keine besonderen Gnaden und keine größere Nähe zu Gott. Mag sein, dass man danach einen Bibeltext oder die Reformationsgeschichte besser versteht, weil man den Originalschauplatz gesehen hat – aber eine Wallfahrt ist es nicht. Gott wohnt nicht in der Kirche, weder in meiner Dorf- oder Stadtkirche, noch an irgendeinem prachtvoll errichteten Ziel frommer Pilgerschaft, an dem er sich möglicherweise in der Geschichte des Glaubens einmal in besonderer Weise offenbart haben mag. Er kann an jedem Ort sein, an dem sich Menschen ihm zuwenden, sei es in einem prächtigen Kuppelbau, in einem einfachen Zimmerchen oder unter freiem Himmel.

Ausnahmsweise prächtig

Auch in der evangelischen Tradition gab es Zeiten, in denen der Kirchenbau von anderen Tendenzen geprägt wurde. Zum einen gibt es Gemeinden, die katholische Kirchen aus vorreformatorischer Zeit übernahmen, wie etwa das Ulmer Münster oder die mächtigen alten Kirchen in den norddeutschen Hansestädten. Zum anderen sind der Berliner Dom oder die Dresdener Frauenkirche Beispiele dafür, dass sich auch protestantische Autoritäten gerne repräsentative Gotteshäuser zulegten. Als bestes Beispiel dafür sei angeführt, dass aufwendige Kirchenbauprogramme Teil des ehrgeizigen Regierungsprogramms der preußischen Könige und Kaiser seit Friedrich Wilhelm III. waren. Von der römischen Konstantinbasilika in Trier, die zur evangelischen Kirche gemacht wurde, bis zur Friedenskirche in Potsdam, von der Erlöserkirche in Jerusalem bis zur Christuskirche in Rom, von den Arbeitervorstädten in Berlin bis zu den Weilern der Uckermarck, überall sollte nicht nur preußische Ordnung und preußische Uniform, sondern auch preußische Frömmigkeit stilvoll sichtbar werden – was an hervorgehobenen Orten auch sehr glanzvoll geschah. Die Welt sollte sehen, dass sich das evangelische Preußen mit den katholischen Mächten der Vergangenheit durchaus messen konnte.

Die Tatsache, dass große evangelische Kirchen, wie etwa der Berliner Dom und die Dresdener Frauenkirche, die beide im Zweiten Weltkrieg zerstört wurden, nach Jahrzehnten in Trümmern mit großem Aufwand wieder in ihrem alten Glanz errichtet wurden, zeigt schon, dass auch heute evangelische Herzen in prächtigen Sakralgebäuden durchaus höherschlagen können. Zwar werden wohl alle Protestanten dem Prinzip zustimmen, dass evangelische Kirchen eigentlich einfach und schlicht sein sollten, und die meisten werden sich auch kritisch dazu äußern, dass in der Kirchengeschichte den Menschen große Opfer abverlangt wurden, um mächtige Kirchen und Türme und aufwendigen Schmuck für diese Sakralbauten zu schaffen; aber ob in Rom, Berlin, Paris oder Köln – überall lassen sich auch evangelische Christen von großartig erbauten und ausgeschmückten romanischen, gotischen und üppig dekorierten barocken Kirchen faszinieren. Gerade auch der Petersdom in Rom, dessen fragwürdige Finanzierung ja einer der Auslöser der Reformation war, wird auch von evangelischen Augen gerne bestaunt und bewundert.

Tempel oder Synagoge

Grundsätzlich gibt es in der jüdisch-christlichen Tradition zwei Möglichkeiten, dem Glauben Raum zu geben: Das Alte Testament berichtet, dass schon König David in Jerusalem einen Tempel zur Ehre Gottes errichten wollte. David musste jedoch durch den Mund des Propheten erfahren, dass es der Gott Israels vorzog, wie seit alters her im Zelt zu wohnen. Der weise Salomo, Davids Sohn, realisierte das Projekt dann doch und baute Gott einen prächtigen Tempel. Man wollte in Israel den Nachbarvölkern in nichts nachstehen. Die repräsentative Hauptstadt mit ihren Prunkbauten sollte auch ein ansehnliches Haus für den einen Gott haben. Dort, demonstrativ in der Nähe zum König, sollte er wohnen, sollten ihm Priester in heiligen Handlungen dienen, und das Volk sollte sich im Tempel der Nähe Gottes vergewissern können. Die regelmäßige Wallfahrt zum Tempel wurde den frommen Juden selbstverständliche Pflicht, die Zerstörung des Tempels durch die Babylonier 587 v. Chr. zur großen Glaubenskrise Israels. So sehr war der Tempel zum Symbol für Gottes Gegenwart in Israel geworden, dass viele Juden meinten, das Ende des Tempels würde auch das Ende der Verheißung an das jüdische Volk bedeuten.

Aber die Geschichte Gottes mit seinem Volk ging auch nach der Zerstörung Jerusalems, dem Ende des Königs aus dem Hause Davids und der Zerstörung des Tempel weiter. Ohnehin war der Tempel zwar seit den Zeiten Salomos selbstverständlich Teil der Glaubenswelt Israels, aber ebenso selbstverständlich gehörte auch die prophetische Kritik am Tempel und am Tempelkult zum jüdischen Erbe, und immer wieder tauchte die Erinnerung auf, dass eben nicht Gott diesen Tempels wollte, sondern die Menschen. Der Gott der Väter und der Gott Mose wollte und brauchte kein Haus aus Stein. Vielmehr waren es die Könige, die in ihrer Hauptstadt ein Symbol geistlicher Macht und göttlicher Nähe neben ihren weltlichen Zeichen brauchten.

In der weiteren Geschichte Israels wurde die Synagoge, das einfache Bet- und Lehrhaus, durch Tempelzerstörung, Exil und Diaspora zu einem Ort, an dem man allein durch die Gegenwart der Heiligen Schriften die Gegenwart Gottes erfahren konnte. Nicht mehr das Haus, die Riten und das Opfer, sondern die Schrift und das Wort waren in der Synagoge entscheidend. Und nicht nur die Hauptstadt hatte ein solches Gotteshaus, sondern jedes Städtchen und Dorf konnte eine Synagoge errichten, ohne Bilder und Prunk, sondern mit schlichtem Schmuck. Nach der Zerstörung des zweiten Tempels in Jerusalem durch die Römer 70 n. Chr. wurden die Synagogen zum gottesdienstlichen Raum für das Judentum schlechthin. Vom Tempel stand jetzt nur noch die Klagemauer, ein kümmerlicher Rest. Dorthin konnten die meisten Juden, zerstreut in alle Welt, nicht mehr pilgern, und auch der prächtige Tempelkult, den Jesus selbst noch erlebt hatte, konnte nicht mehr gefeiert werden.

Die evangelische Kirche orientiert sich im Kirchenbau sehr viel stärker am Modell der Synagoge als am Modell des Tempels. Eine evangelische Kirche ist wie die Synagoge Bet- und Lehrhaus, nicht Wallfahrtsort und Opferstätte, Kultort oder Heiligtum. Der Vorsteher der neu erbauten Synagoge in Emmendingen bei Freiburg sagte mir einmal: *„Wenn wir die Thora mitnehmen aus diesem Raum, dann kann morgen schon eine Scheune oder ein Stall daraus gemacht werden, ohne dass ein Jude daran Anstoß nehmen könnte. Allein die Thorarolle, die Heilige Schrift, macht die Synagoge zu einem besonderen Ort.“* Ebenso sind auch evangelische Kirchen keine Räume, in denen etwas ist oder geschieht, was nicht auch an anderen Orten sein oder geschehen könnte.

Gewiss fällt es auch Protestanten immer schwer, einen vertraut gewordenen Gottesdienstraum oder eine Kirche aufzugeben und einer anderen Nutzung zuzuführen, wie es in letzter Zeit immer wieder diskutiert wird und auch geschieht. Doch rein formal kann auch jedes Wohnzimmer und jeder Platz unter freiem Himmel dazu dienen, Gottes Wort zu predigen und die Sakramente zu spenden. In der Geschichte der Kirche war es oft genug notwendig, sich außerhalb geweihter Räume zusammenzufinden. Die Geschichte der Bekennenden Kirche in der Zeit des Nationalsozialismus ist nur ein Beispiel dafür, dass die Kirche Jesu Christi die ihr angestammten Räume manchmal sogar regelrecht meiden muss, wenn diese von denen besetzt werden, die eine andere als die biblische Lehre predigen. Auch viele Russlanddeutsche in unseren Gemeinden können anschaulich erzählen, wie sie über viele Jahrzehnte, ohne sichtbare Kirchen, die ihnen das kommunistische System genommen hatte, Kirche im Verborgenen gelebt haben.

Das Neue Testament ist auch in diesem Punkt Wegweiser: Jesus geht ganz selbstverständlich in den Tempel. Schon als Kind ist er mit seinen Eltern dorthin gepilgert, der Bau ist ihm vertraut. Er weiß, dass er dort Menschen findet, die auf seine Botschaft ansprechbar sind, die vom Messias und vom Gesetz, das er ja erfüllen möchte, wissen. Der Tempel und der dortige Gottesdienst werden von Jesus nicht abgelehnt. Aber er geht ebenso selbstverständlich in die Synagogen, um dort die Menschen anzusprechen, und hält, wo nicht anders möglich, auch eine Bergpredigt unter freiem Himmel und macht ein Fischerboot zu seiner Kanzel, damit ihn möglichst viele hören und sehen können. Hier wird der Tempel als Ort des Gottesdienstes nicht abgelehnt, aber auch mit keinem Wort für notwendig erachtet.

Ebenso selbstverständlich geht Paulus auf seinen Missionsreisen zuerst in die Synagogen. Die jüdischen Gemeinden sind auch für ihn, der die Mission unter den Heiden durchgesetzt hat, immer noch der erste Ansprechpartner. Wenn er jedoch in den Synagogen keinen Anklang findet, scheut er sich auch nicht, griechische Tempel aufzusuchen, um dort die Botschaft Jesu zu verkündigen. Die ersten Christen in Rom feierten ihre Gottesdienste in Wohnzimmern oder in Grabhöhlen, den Katakomben. Das waren Orte, deren Überreste noch heute eindrücklich die Gottesdienstkultur der frühen Christenheit vor Augen führen. Die ersten Christen waren weder so zahlreich, dass sie große Räume brauchten, noch waren sie gesellschaftlich so akzeptiert, dass sie weithin sichtbar in Erscheinung treten konnten.

Im Jahr 312 n. Chr. gab es eine einschneidende Veränderung in der Geschichte des Christentums: die sogenannte Konstantinische Wende, die sich auch auf Größe und Ausstattung der Kirchen auswirkte. Der neue Kaiser Konstantin (272–337) privilegierte den christlichen Glauben und die Kirche im Römischen Reich. Jetzt strömten die Massen und man brauchte große, dem

Status der Reichskirche angemessene Räume. Basiliken, römische Markthallen, wurden zu Kirchen umgewidmet, Tempel zu Kirchen umgestaltet, und es war zum ersten Mal genug Geld vorhanden, neue, originär christliche Gotteshäuser zu bauen. Die christliche Kirche verschmähte die Privilegien nicht, die man ihr gewährte. Wer mit dem Kaiser verkehrte, der brauchte Einfluss und Macht und die dazugehörigen Symbole. Die großen Kirchen glichen bald prunkvollen Tempeln, wobei man gerne auch auf Säulen und Stufen, Statuen und Ornamente aus zerstörten heidnischen Tempeln zurückgriff.

Die weitere Entwicklung der Kirchenbauten ging in ebendiese Richtung weiter. Zwar gab es dort, wo die materiellen Verhältnisse nichts anderes erlaubten, auch schlichte Kirchen, wie man z. B. an den wunderschönen kleinen romanischen Dorfkirchen in Burgund sehen kann. Aber wer etwas auf sich hielt und es sich leisten konnte, der baute immer größer und aufwendiger. Neue architektonische Akzente, wie sie etwa beim Übergang von der Romanik zur Gotik zu erkennen sind, erhöhten den Aufwand zusätzlich. Klöster und Städte, Klerus, Adel und Bürgertum lieferten sich einen frommen Wettstreit. Reformbewegungen wie etwa die Zisterzienser, die einen schlichteren Kirchenbau forderten, konnten sich nicht durchsetzen und den Wettlauf um die prächtigste und reichste Kirche stoppen. Die Projekte wurden immer ehrgeiziger bis hin zum Bau des Petersdomes, dessen problematische Finanzierung durch den Verkauf von Ablassbriefen nicht unwesentlich zur Reformation beitrug.

Schlicht, aber erkennbar Kirche

Das Gegensteuern der Reformation war ein notwendiger Schritt. Die Gemeinde Jesu Christi braucht ein Zuhause, einen Raum, der den Gottesdienst beherbergt und durch seine Gestaltung unterstützt. Aber dieser Raum soll nicht zum Selbstzweck, zum Demonstrationsobjekt menschlicher Macht und Größe unter dem Vorwand des Lobes Gottes werden. Allerdings gab es auch Fehlentwicklungen, wie etwa in der zweiten Hälfte des 20. Jahrhunderts, als man glaubte, Mehrzweckräume seien auch ein geeigneter

Ort für den Gottesdienst und könnten Kirchen ersetzen. So wurden Gemeindezentren entwickelt, die vormittags Krabbelgruppen, nachmittags dem Seniorentreff und abends dem Stammtisch dienen … und sonntags dem Gottesdienst. Natürlich ging das irgendwie, auch wenn noch kalter Rauch vom Männerkreis und Kaffeedunst vom Gemeindefest in der Luft lag. Trotzdem zeigte sich, dass Multifunktionskirchsäle oder kalte Betonbauten die gottesdienstliche Atmosphäre behindern können. Auch evangelische Gemeinden brauchen Räume, die die Distanz zum Alltäglichen erleichtern, die Symbole des Glaubens und der Hoffnung „speichern“ und die Geborgenheit vermitteln, die der Gemeinde ein Zuhause geben. Weder riesige und protzige Tempel, aus denen die Christenheit in ihren Anfängen ja einmal sehr bewusst ausgezogen ist, noch armselige Schuppen, denen anzusehen ist, dass denen, die sich darin zusammentun, ihr Glaube nicht viel wert ist.

Denn auch diese Gefahr liegt in evangelischen Gemeinden immer wieder in der Luft: Unter dem Vorwand protestantischer Zurückhaltung in der Gestaltung und Aufwendung für den Kirchenraum stecken oft auch Geiz und Trägheit, die den Gemeindegliedern vorenthalten, was ihnen guttut: ein Zuhause für ihren Gottesdienst, eine schlichte, aber freundliche Kirche, ein einfaches, aber schönes Gotteshaus. Es ist typisch evangelisch, dass nicht die Liturgie, nicht die Gewänder, nicht der Schmuck und auch nicht der Raum besonders hervorgehoben sind. In der „Kirche des Wortes“ soll man das Evangelium gut hören und die Beteiligten gut sehen. Der Kirchenraum hat *a priori* keinen Wert in sich. Aber er soll den Gottesdienst fördern und nicht hindern. Der Raum, in dem Gottesdienst gefeiert wird, soll dem Glauben einfach Raum geben.

Dazu können dann ruhig ein paar Kirchen kommen, die ererbt oder aus gutem Grund neu errichtet wurden und die dieses schlichte Maß übersteigen. Protestanten brauchen sich des Ulmer Münsters oder des Hamburger Michels nicht zu schämen. Allerdings sind diese Kirchen Ausnahmen, welche die Regel bestätigen und im Übrigen daran erinnern, in welcher Tradition wir Protestanten stehen, was gelten soll und im Vordergrund steht: die Gemeinde, das Haus aus lebendigen Steinen!

INRI

Kirchenleitung und Autorität

Hier spricht die Gemeinde

Kirche ohne Machtwort

In einer heftigen Diskussion im Lehrerkollegium um das kontroverse Thema Sterbehilfe fordert mich ein Teilnehmer am Gespräch auf: *„Nun sagen Sie uns doch mal, was die evangelische Kirche dazu sagt!“* Da musste ich passen. Ich konnte von Stellungnahmen des Rates der Evangelischen Kirche in Deutschland (EKD) und von der Position unserer Landessynode berichten. Ich konnte auf verschiedene Theologen und auf Erfahrungen und Gespräche in der Gemeinde verweisen. Aber *die eine* verbindliche lehramtliche Position konnte ich nicht referieren, denn es widerspricht dem evangelischen Verständnis von Kirche, dass es eine solche Lehrmeinung der Kirche gibt, die vorschreibt, was evangelisch ist. Und: Es gibt sie ja auch nicht, *die eine* evangelische Kirche, genauso wenig wie es *die eine* Autorität gibt, die für sich das Recht in Anspruch nehmen könnte, einen verbindlichen und exklusiven evangelischen Standpunkt zu vertreten.

Stattdessen gibt es eine Vielzahl von evangelischen Kirchen unterschiedlichster Größe, sehr große und sehr kleine. Sehr groß ist z.B. die lutherische Staatskirche in Skandinavien, die ein ganzes Land mit vielen Millionen Mitgliedern umfasst, oder auch einige deutsche Landeskirchen, denen immer noch der größere Teil der Bevölkerung angehört. Auf der anderen Seite gibt es einzelne Gemeinden mit kaum mehr als 100 Gemeindemitgliedern, die sich selbst als Kirche verstehen. Jede dieser Kirchen, egal wie groß oder wie klein, nimmt mit Recht für sich in Anspruch, selbst auf aktuelle Fragen zu antworten, eine in Verantwortung vor Gottes Wort gesuchte und ergründete Antwort von ihrer Warte aus zu geben. Diese jeweiligen Perspektiven einer Synode, eines Presbyteriums oder eines Konvents können sehr unterschiedlich sein.

Dazu ein Beispiel: In der Bundesrepublik befürworten die evangelischen Landeskirchen im Allgemeinen den Religionsunterricht an den öffentlichen Schulen, weil es eine lange und gute Tradition eines von Kirche und Staat gemeinsam verantworteten Religionsunterrichts gibt. Wo das Fach hierzulande unterrichtet wird, gibt es auch selbstverständlich Noten im Zeugnis der Schüler. Während meiner Zeit als Mitglied im Rat der Evangelischen Kirchen in

Italien konnte ich den italienischen Mitgliedern diese deutsche Position zum Religionsunterricht nicht vermitteln. Für italienische Protestanten war es aus ihrer historischen Erfahrung als kleine Minderheitskirche völlig klar, dass es keinen konfessionellen Religionsunterricht im Lehrplan der staatlichen Schulen geben dürfe, erst recht nicht, wenn es dafür versetzungsrelevante Noten geben sollte. Zu groß war die Angst vor einer katholischen „Machtübernahme" in den staatlichen Schulen und einer Benachteiligung der wenigen evangelischen Schüler im überwiegend katholischen Umfeld. Die italienischen Protestanten forderten also mit gutem Grund eine klare Trennung von Staat und Kirche in der öffentlichen Schule, die wir in Deutschland so nicht brauchen. Hier zeigt sich, dass in unterschiedlichen Situationen unterschiedliche evangelische Positionen sinnvoll sind.

Aber genau diese Vielstimmigkeit macht das Evangelischsein manchmal recht anstrengend und lässt manche Protestanten neidisch auf die anderen Konfessionen blicken. Die Strukturen und das Erscheinungsbild der evangelischen Kirchen sind sehr vielfältig, manchmal sogar widersprüchlich. Das protestantische Markenzeichen ist nicht die Konzentration von Macht und Autorität auf wenige, sondern die Vielfalt, die Delegation von Macht und Mitbestimmung auf viele. Das gilt für die Verteilung von Finanzen und die Entscheidungen über Stellungnahmen der Kirchen zu aktuellen Fragen in Kirche und Gesellschaft ebenso, wie für die Wahl eines Bischofs oder einer Bischöfin.

Ein evangelischer Landesbischof wird gewöhnlich aus einem Kreis mehrerer Kandidatinnen und Kandidaten nach demokratischen Regeln durch die jeweilige Landessynode gewählt. Seine Befugnisse sind je nach Landeskirche unterschiedlich groß, aber sie sind immer durch ein kollegiales Gremium, das die Kirchenleitung gemeinsam wahrnimmt, beschränkt. So kann ein evangelischer Bischof z. B. nicht einfach Pfarrer in Gemeinden einsetzen oder ihres Amtes entheben. Es gibt immer eine Mitwirkung der Ältesten oder Presbyter der Gemeinde. Selbst der Ratsvorsitzende der EKD ist kein „Superbischof" mit hervorgehobener Machtfülle, sondern lediglich der durch das Vertrauen der anderen Kirchenleiter bestimmte Botschafter der evangelischen Kirchen in der gesellschaftlichen Öffentlichkeit.

Was das für große kirchliche Entscheidungen bedeutet, verdeutlicht das folgende Beispiel: Am 31. Oktober 1999 wurde in Augsburg die „Gemeinsame Erklärung zur Rechtfertigungslehre des Lutherischen Weltbundes und der Katholischen Kirche“ feierlich unterzeichnet. Zum ersten Mal seit der Reformation wurde mit dieser Erklärung eine der großen Streitfragen der Reformation in einem gemeinsamen evangelisch-katholischen Dokument entfaltet. Aber während die katholische Seite durch die Vertreter des Päpstlichen Rates zur Förderung der Einheit der Christen autorisiert war, für die ganze katholische Kirche zu sprechen und zu verhandeln, konnten die evangelischen Vertreter des Lutherischen Weltbundes (LWB) nur für die lutherischen Mitgliedskirchen des Weltbundes sprechen, und, nachdem das Dokument formuliert war, mussten alle Mitgliedskirchen des LWB, jede einzeln und für sich, das Dokument durch ihre leitenden Gremien billigen. Schließlich gibt es ja keine oberste Instanz, die da sagen könnte: „So wird es gemacht!“ Mehr als 80 Prozent der lutherischen Kirchen stimmten zu und das Dokument konnte unterzeichnet werden – aber eben erst nachdem die kirchenleitenden Gremien aller Mitgliedskirchen befragt worden waren!

Im Verlauf der Gespräche war von katholischer Seite ein deutliches Stöhnen darüber zu hören, wie mühsam es sei, mit evangelischen Vertretern zu verhandeln, da man doch nie einen wirklich autorisierten Gesprächspartner habe, der wenigstens für einen Großteil der Protestanten zu sprechen und zu entscheiden in der Lage wäre. Richtig! Aber das ist es eben, was evangelisches Christsein auch definiert: Viele denken, beten, beraten und entscheiden mit. Es gibt kein Zentralkomitee, keine Galionsfigur, die repräsentativ für den Protestantismus steht, und auch keine Leitfigur, an der sich die Aufmerksamkeit festmacht oder die das Sagen hat.

Die Pluralität des Protestantismus hat aber in Zeiten, in denen die Medienpräsenz eine so große Rolle spielt, durchaus auch Nachteile: Ein Papst auf einer so medienfreundlichen Bühne wie dem Petersplatz in Rom lässt sich allemal besser in Szene setzen als synodale, regionale oder gar lokale kirchliche Diskussionen, die in der evangelischen Kirche das Geschehen bestimmen. Bei allem guten Willen so mancher Journalisten und Redakteure ist es doch oft ermüdend, langen kontroversen evangelischen Debatten zu folgen, und noch viel mühsamer, diese dann zu lesbaren oder sehenswerten Beiträgen für die Medien zu gestalten. Auch in der Politik sind es ja heute in erster Linie „die Köpfe“, die von Interesse und damit wahlentscheidend sind. Statt Programmen und Inhalten stehen Personen im Vordergrund. Das ist auch im Blick auf die Religion und die Kirchen so. Wiedererkennbare Gesichter sind in den Medien wichtiger als inhaltliche Feinheiten.

Aber ist das richtig? Evangelisch ist es auf jeden Fall nicht! Hier spricht die Gemeinde! Nicht einer, sondern viele – und vielstimmig. Das heißt auch: nicht nur Kleriker, sondern auch Laien, Männer und Frauen. Viele sind an vielen Orten mit gleichem Recht auf der Suche und bringen ihre Meinung ein, wenn es um die Frage geht, welche Antworten wir als Christen heute in konkreten Lebenssituationen zu geben haben.

Das konziliare Prinzip

Auch in der evangelischen Kirche gibt es selbstverständlich Strukturen zur Kirchenleitung: Es gibt Gemeindeversammlungen, Pfarrer und Älteste oder Presbyter. Es gibt Synoden und Oberkirchenräte oder Konsistorien. Und schließlich Bischöfe und Kirchenpräsidenten. Jedes dieser Ämter und Gremien hat Kompetenzen und Funktionen, fällt Entscheidungen und nimmt Verantwortung wahr. Aber immer gilt das konziliare Prinzip: Jede Entscheidung soll aus Gebet, Beratung und Gespräch heraus gefällt werden. Bei jedem Standpunkt ist immer wieder neu zu hinterfragen und zu prüfen, ob er „schriftgemäß“, also biblisch zu begründen und im Lichte des Evangeliums haltbar ist. Nicht hinterfragbare Entscheidungen Einzelner und autoritäre Vorgaben kennt die evangelische Kirche nicht.

So ist es heute zumindest in unseren Breiten in der evangelischen Kirche. In anderen Teilen der Welt und in manchen protestantischen Gruppierungen gibt es auch andere, deutlich autoritärere Strukturen der Kirchenleitung. Bis 1918 war es auch in Deutschland ganz selbstverständlich, dass die adligen Landesherren in „ihren" evangelischen Landeskirchen das Sagen hatten. So wie noch heute die englische Königin Oberhaupt der anglikanischen Staatskirche ist, so waren in den lutherischen und unierten Herrschaftsgebieten die jeweiligen Landesherren auch die Kirchenherren. Luther fand zur Zeit der Reformation, nachdem er sich von Rom und der römisch-katholischen Hierarchie getrennt hatte, keinen anderen Ausweg, als darauf zu vertrauen, dass tüchtige evangelische Landesherren unter dem Einfluss guter evangelischer Pfarrer und Theologen auch die Geschicke der Kirche recht lenken würden. Sein persönliches Verhältnis zu seinem Landesherren, Kurfürst Friedrich dem Weisen (1463–1525), legte ihm eine solche Lösung in der Frage der Kirchenleitung nahe. So entstand das sogenannte landesherrliche Kirchenregiment, das in den evangelischen Landeskirchen seit der Reformation den Landesherren gestaltenden Einfluss sicherte. Es gab dabei durchaus gute Beispiele für Landesherren, die sich sehr wohl um Kirche und Seelenheil ihrer Untertanen sorgten und pastoralem Rat und theologischen Erwägungen zugänglich waren.

Die Zeit, in der die weltliche Obrigkeit auch über die kirchlichen Belange bestimmte endete 1918 zusammen mit der Monarchie in Deutschland. Von heute auf morgen waren die evangelischen Kirchen „herrenlos" und ihrer landesherrlichen Protektion beraubt. Darüber war die Mehrheit der Protestanten beunruhigt. Pfarrer, Gemeinden und vor allem die Kirchenleitungen hatten Angst, nun schutzlos staatlicher und kirchenkritischer Willkür ausgeliefert zu sein. Nicht ganz freiwillig musste man sich auch in den evangelischen Landeskirchen mit der Demokratie arrangieren. Kirchenparlamente wurden gebildet, kirchliche Parteien gegründet, Kirchenpräsidenten gewählt, doch kurz gesagt: Die Protestanten taten sich anfangs schwer damit, nun selbst und ohne obrigkeitliche Rückendeckung die Geschicke ihrer Kirchen in die Hand zu nehmen.

Es waren schwierige Zeiten harter innerkirchlicher Querelen und Spaltungen in der Weimarer Republik und im NS-Staat, bis sich die evangelischen Landeskirchen von ihrer Obrigkeitshörigkeit frei gemacht und zu der Freiheit gefunden hatten, die ihnen zumindest in der Theorie seit der Reformation zustand. Gerade im „Dritten Reich" war deutlich zu erkennen, dass sehr viele hofften, ein kirchenfreundliches Regime möge die Zügel wieder in die Hand nehmen und die Kirche von ihrer Verantwortung „befreien". Es ist heute äußerst peinlich zu lesen, wie sich evangelische Kirchenleitungen den nationalsozialistischen Herren in den Anfängen des Nationalsozialismus andienten, solange es auf deren Seite auch nur eine Spur von Interesse an der evangelischen Kirche gab. Gerne war man bereit, alle Augen im Blick auf die Auswüchse der braunen Herrschaft zuzudrücken in der Hoffnung, doch unter den Flügeln der Mächtigen wieder Geborgenheit zu finden.

Die brutale Enttäuschung durch die Nazis, aber auch die bitteren Erfahrungen der Weimarer Republik führten nach dem Zweiten Weltkrieg zu einer Neubesinnung im Blick auf Kirchenleitung und Kirchenstrukturen. Es gab so etwas wie eine Neubesinnung auf das Prinzip, das vermutlich bereits in den Zeiten der ersten Christenheit die Kirchenleitung ausmachte: die Gemeinde hat das Sagen. Zwar gab es schon sehr früh unterschiedliche Ämter in der Kirche wie Apostel, Diakone und Bischöfe, und es gab charismatische Persönlichkeiten. Auch Synoden oder Konzilien wurden schon sehr früh einberufen. Aber letztlich waren es die Gemeinden, ihre Glaubenspraxis, ihre Gespräche, ihre Frömmigkeit und Lebendigkeit, die die Kirche ausmachten. Erst nachdem die verfolgte Christenheit durch den römischen Kaiser Konstantin zu Macht und Ehren gebracht worden war, wurde die christliche Kirche vielfach zur dominanten und autoritären Institution, zur „Kirche von oben".

Heute gibt es jedoch ganz andere Möglichkeiten, und auch die evangelische Kirche versteht sich aus gutem Grund ganz anders! „Kirche von unten" soll möglich sein und gestärkt werden, d. h. die Kirche des Dialogs, der Mitverantwortung, der Offenheit in der Gemeinde. Freilich muss alles, was in der Gemeinde gesagt wird und geschieht, immer wieder im Angesicht der Heiligen Schrift geprüft werden. Auch Tradition und Gestalt der Kirche können nicht beliebig manipuliert werden. Aber die evangelische Kirche soll ein Raum der Freiheit der Kinder Gottes, der barmherzigen Liebe und der frohen Botschaft sein. Noch einmal: Es mag zwar oftmals mühsam sein, was sich alltäglich hinter diesem Programm versteckt – und schwieriger, diesen Ansatz medial zu präsentieren. Aber es ist geschwisterlich, dient der Versöhnung und bewahrt vor der Arroganz der Macht!

Der Deutsche Evangelische Kirchentag

Glauben bei offenem Fenster

8 Forum Kirchentag

Bei einer Bestandsaufnahme dessen, was in unserer Gegenwart typisch evangelisch ist, darf der Deutsche Evangelische Kirchentag nicht fehlen. Auch wenn er keine ständige Einrichtung ist und nur alle zwei Jahre für einige Tage stattfindet, so ist er doch in den vergangenen Jahrzehnten in Deutschland zu einer der prägenden und charakteristischen evangelischen Lebensäußerungen geworden. Gottesdienste und Bibelarbeiten, Diskussionen und Konzerte, Meditationen und Demonstrationen gehören dazu. Vor allem aber der auf mehrere Messehallen verteilte „Markt der Möglichkeiten", auf dem sich die weit über 100.000 Besucher und unzählige Gruppen und Initiativen begegnen können, die sich irgendwo im Raum der Kirche angesiedelt haben. Auf diesem „Markt der Möglichkeiten" finden sich diakonische Einrichtungen und Missionswerke, die ihre aktuellen Arbeitsschwerpunkte vorstellen, genauso wie Kirchengemeinden und besondere Arbeitsbereiche der Kirche, die seit Langem zum Repertoire des Evangelischen gehören, und kirchliche Dienstleister wie Versicherungen und Verlage. Aber auch Gruppen, deren Erscheinen zu Kontroversen führt, ob sie in den Raum der Kirche gehören und ob ihre Anliegen theologisch und kirchlich diesem Forum der Kirche angemessen sind, sind dabei.

Vor mehreren Jahren gab es in diesem Zusammenhang intensive Auseinandersetzungen um die Feministische Theologie und deren provozierende, aber heute weithin akzeptierte Einsichten zur Lektüre biblischer Texte und zum Anspruch der Frauen auf mehr Einfluss und Präsenz in der kirchlichen Hierarchie. Im Zusammenhang mit der Debatte um die atomare Nachrüstung in der Bundesrepublik und dem Engagement vieler evangelischer Christen in der Friedensbewegung wurde vor Jahren auch die Präsenz der „Christen in der Bundeswehr" lautstark infrage gestellt, die heute selbstverständlich auf dem „Markt der Möglichkeiten" dabei sind. Der „Arbeitskreis Homosexuelle und Kirche" (HUK) sorgte für kontroverse Debatten, die nicht nur an den Ständen der Gruppen auf dem „Markt", sondern auch in den Medien ausgetragen wurden. Die Präsenz von Wirtschaftsverbänden wurde kritisiert, da manchen die

Verknüpfung zum kirchlichen Handeln eher fragwürdig und die Imagepflege im Vordergrund zu stehen schien.

Aber es sind nicht nur Gruppen und Themen auf dem „Markt der Möglichkeiten", die Aufsehen erregen. Auch Politiker und Künstler, die Bibelarbeiten halten, sorgen für Zulauf und Zündstoff. Überhaupt ist es selbstverständlich geworden, dass sich sowohl bundesdeutsche politische und gesellschaftliche Prominenz als auch Filmemacher und Literaten einfinden, und zwar nicht nur als Besucher und Zuhörer, sondern sehr gerne auf einem Podium zu aktuellen Fragen der gesellschaftlichen und kirchlichen Gegenwart.

Die Gottesdienste, insbesondere die großen Schlussgottesdienste in Stadien und auf Plätzen unter freiem Himmel, setzen Trends und spiegeln Veränderungen der kirchlichen Szene wider. Musikalisch hat der Kirchentag eine neue Lied- und Musikkultur für evangelische Gemeinden und Gottesdienste angestoßen. Vieles von dem, was heute den evangelischen Gemeindealltag prägt, wurde auf den Kirchentagen in Berlin oder Hamburg, in Frankfurt oder Leipzig, in Stuttgart oder Köln angeregt und eingeübt.

Eine nicht zu unterschätzende Funktion haben die Kirchentage seit vielen Jahren für junge Leute, deren Bild von Kirche durch das großartige Gemeinschaftserlebnis geprägt wird. Immer sind es einige Zehntausend Jugendliche und junge Erwachsene, die mitfeiern und miterleben, wie Kirche auch sein kann. Sie erfahren oft zum ersten Mal so etwas wie Begeisterung an einem kirchlichen Ort und merken, dass Kirche auch etwas für junge Menschen zu bieten hat. Doch auch Ältere, die zum Kirchentag kommen, nehmen die Erfahrung mit nach Hause, dass Kirche nicht nur im letzten Lebensdrittel von Interesse ist, sondern auch die Jungen anspricht, wenn die Angebote und der Rahmen entsprechend sind. Und beide, Junge und Alte, erleben Kirche als „Bad in der Menge", was bei vielen zu Hause so doch eher selten ist, als eine heitere Selbstverständlichkeit und werden ganz „nebenbei" in der fremden Stadt auch noch bewirtet und beherbergt.

8 Evangelische Wallfahrt

Jeder, der kommt, muss ein gerüttelt Maß an Toleranz und Verständnis für die anderen mitbringen, die ganz anderen, die ebenfalls zu diesem großen evangelischen Forum strömen. Wenn es die Eigenart anderer christlicher Konfessionen ist, dass Strukturen und Inhalte klar vorgegeben werden, so ist es gerade im Blick auf den Evangelischen Kirchentag deutlich, dass das evangelische Charakteristikum darin besteht, dass sich der einzelne Christ selbst mit Bibel und Gegenwart auseinanderzusetzen hat. Jeder evangelische Christ muss im Gespräch, aus der Vielfalt von Meinungen und Möglichkeiten, von Frömmigkeiten und Bibelperspektiven seine eigene Position finden. Das ist nicht immer leicht und manchmal, gerade auf dem Kirchentag oder über mehrere Kirchentage und Jahre hinweg, ein Prozess der intensiven Konfrontation und Urteilsbildung.

Doch genau das ist das Lebendige und Wichtige: die kritische Auseinandersetzung mit ganz aktuellen gesellschaftlichen Fragen und Tendenzen unter Christen. Der Kirchentag ist keine heile Welt, in die fromme Zeitgenossen für einige Tage fliehen. Er ist ein Ort der Besinnung und der Gottesdienste, ein Ort der intensiven Bibellese vor dem Hintergrund der brennenden Fragen der Gegenwart. Man kann den Deutschen Evangelischen Kirchentag tatsächlich als einen „Markt der Möglichkeiten" bezeichnen, auf dem sich aber manches auch – nach intensiver Diskussion und aus der Nähe betrachtet – als unmöglich erweist. Der Kirchentag ist „Glaube bei offenem Fenster": offen für die Welt, einladend, attraktiv, manch scharfem Lufthauch ausgesetzt, der da hereinweht – und er ist sicher auch immer wieder mal modischen Versuchungen erlegen.

Manche sagen, dass der Kirchentag zu einer Art protestantischer Wallfahrt geworden ist. Wenn eine Wallfahrt Menschen zum Glauben ermutigt und Begegnung und neue Erfahrung bringt, wenn man auf der Wallfahrt die Bibel mit anderen Augen zu lesen beginnt und unterwegs neue Lieder und liturgische Formen kennenlernt, dann stimmt es: Kirchentag ist evangelische Wallfahrt. Menschen suchen Wege, ihren Glauben zu leben, und kehren guter Dinge heim, um das Erlebte zu Hause umzusetzen.

Diese Wallfahrt führt aber nicht zu einem bestimmten geografischen Ort, an den Heilung oder Eingebung gebunden sind. Der Kirchentag wandert ja schließlich auch von Stadt zu Stadt. Diese Wallfahrt hat auch keinen vorgegebenen Weg oder eine vorgegebene Liturgie, der man folgen muss, um Heil zu erfahren. Jeder Kirchentagsbesucher stellt sich sein Programm und seine „Liturgie" selbst zusammen. Schließlich führt sie auch zu keinem bestimmten „Heiligen", in dessen Fußstapfen man sich begibt: Es sind viele beispielhafte Menschen und Spuren, denen man auf einem Kirchentag begegnen kann und die wegweisend sein können. So ist er eine genuin evangelische Wallfahrt, die aus der Begegnung und Auseinandersetzung mit den anderen lebt, die auch auf ihre Art nach Gott fragen, die auch in der Nachfolge Christi stehen.

Aber Kirchentag ist auch Begegnung und Auseinandersetzung mit Menschen, die das Christsein hinterfragen, oder mit solchen, die sich selbst nicht als Christen bezeichnen, aber die Gemeinschaft mit Christen suchen oder ihre Hilfe brauchen. Aus diesem Grund gehören auch der Dalai Lama oder Vertreter anderer Religionen zu den Gästen und Rednern des Kirchentages, genauso wie Literaten und Politiker, die sich ausdrücklich als Atheisten oder Agnostiker bezeichnen, aber das ernsthafte und konstruktive Gespräch mit Christen suchen.

Ebenso selbstverständlich sind die zahlreichen ökumenischen Gäste Teil des Kirchentages, und zwar „ökumenische Gäste" im doppelten Sinne: Zum einen sind es evangelische Christen aus den unterschiedlichsten Ländern, Kirchen und Kontexten. So standen in den Jahren der Apartheid Glaubensschwestern und -brüder aus Südafrika im Rampenlicht und die Betroffenheit und Anteilnahme, die sie erfuhren, stärkten die kirchlichen Kräfte der Erneuerung in ihrem Land. Ähnlich ist es heute für Christen aus China, die uns authentische Berichte aus ihren Kirchen geben, aber auch Ermutigung und Stärkung durch das erfahrene Interesse mitnehmen. Willkommene ökumenische Gäste bei den Kirchentagen sind aber auch die zahlreichen Vertreter anderer christlicher Konfessionen, vor allem Katholiken, aber auch orthodoxe Christen und andere. Sie alle sind als Glaubensgeschwister willkommene Gesprächspartner, die den Weg der evangelischen Kirche in Deutschland aus ihrer Perspektive betrachten, kommentieren und begleiten.

8 Den Laien das Wort!

Den Kirchentag in seiner heutigen Form gibt es seit 1949. Er sollte zunächst ein Forum sein, auf dem Laien zu Wort kommen und ihren Beitrag zu aktuellen kirchlichen Diskussionen leisten können. Schließlich hatte die Zeit des Nationalsozialismus und die Bewegung der „Deutschen Christen", aber auch die halbherzige Position vieler kirchlicher Amtsträger gegenüber den Nazis gezeigt, dass auch Theologen auf Abwege geraten konnten. Hatte nicht die „Bekennende Kirche" in ihren stärksten Momenten, wie etwa auf der Barmer Synode 1934, gerade durch das Engagement der Laien zum rechten Bekenntnis gefunden? Diese Erfahrung, dass der Beitrag der Laien auch beim evangelischen Wiederaufbau nach dem Zweiten Weltkrieg wesentlich und mitbestimmend sein müsste, prägte am Anfang die Vorstellungen vom Deutschen Evangelischen Kirchentag.

Dazu kam sehr schnell ein zweiter Akzent, der die Realität der ersten Kirchentage bestimmte: die deutsche Teilung. Rasch wurden die Kirchentage in einer Zeit der auseinanderdriftenden politischen Systeme zu kirchlichen Manifestationen der Einheit Deutschlands. Demonstrativ wurde die Einheit der evangelischen Christen in ganz Deutschland gefeiert und betont. Kirchentage im Westen und im Osten Deutschlands wurden zu Kundgebungen gegen die politisch gewollte Teilung und Blockbildung.

Nach der deutschen Teilung 1961 verloren die Kirchentage in der Bundesrepublik zunächst an Bedeutung und Zulauf und mussten ihre kirchliche und gesellschaftliche Bedeutung wieder neu erringen. Nach Jahren zurückgehender Teilnehmerzahlen und des abnehmenden Interesses führten die neue gesellschaftliche und bald auch evangelische Dialog- und Diskussionskultur sowie die allgemeine Aufbruchsstimmung und die Lust an Veränderung auch zu ganz neuen Impulsen für den Deutschen Evangelischen Kirchentag.

Was in den Gemeinden noch lange nicht möglich oder thematisierbar war und auch vielerorts von kirchenleitenden Gremien abgelehnt wurde, konnte auf den Kirchentagen ausprobiert und angesprochen werden: neue Lieder und liturgische Elemente, neue Themen und Akzente, offene Diskussionen und der Blick über den „Tellerrand“ der deutschen Kirchenprovinzen. Jetzt wurden die Kirchentage zum beachteten Raum für gesellschafts- und kirchenkritische Fragen in der Kirche und zum Ort der ökumenischen Begegnung. Die 1970er-Jahre waren die Zeit, in der die Kirchentage ihre heutige Gestalt fanden: Christen unterschiedlicher Frömmigkeit, vor allem sehr viele junge Menschen, Vertreter aller gesellschaftlichen Gruppen, Politiker, Künstler und Wissenschaftler, Theologen und Laien, Vertreter der Weltchristenheit und Persönlichkeiten aus anderen Weltreligionen nahmen am Kirchentag teil und gaben ihm sein heutiges Gesicht.

Bis heute ist der Kirchentag vor allem ein Forum für engagierte Laien in der evangelischen Kirche und „Beweis“ dafür geblieben, dass das „Priestertum aller Gläubigen“ nicht nur auf dem Papier existiert. Natürlich kommen auch die wichtigen Vertreter der Amtskirche zu Wort, aber ihren Charme und ihre stärksten Akzente erfahren die Kirchentage durch die oft unkonventionelleren und direkteren Zugriffe der Laien auf biblische Texte und kirchliche Themen.

Kirchentag kontrovers

Natürlich war der Kirchentag von Anfang an auch Anfeindungen ausgesetzt. Dabei sind die Vorwürfe immer in die gleiche Richtung gegangen: Der Kirchentag sei nicht fromm genug. Er vermische Glaube und Politik, Kirche und Welt. Der Kirchentag sei einfach ein großer „Jahrmarkt der Religion“.

Aber braucht nicht auch die Kirche ihren Jahrmarkt? Braucht sie nicht auch Orte, an denen sie mit ihrem Angebot der Welt begegnet und diese Welt dazu einlädt und anleitet, von ihren Angeboten Gebrauch zu machen? Hat nicht gerade Jesus öffentliche und auch missverständliche Situationen geschaffen und genutzt, um zu verkündigen? Ist nicht Paulus auf die Märkte und Plätze der Städte gegangen, um zu predigen und die Konfrontation mit der Welt zu suchen?

Es gab Zeiten, da wurden Gegenveranstaltungen, sogenannte Bekenntnistage, abgehalten, die dem Deutschen Evangelischen Kirchentag den Rang streitig machen und den rechten Glauben und die rechte Form der Verkündigung zeigen sollten. Auch wenn die ganz laute Kritik heute kaum mehr zu hören ist, gibt es in manchen Kreisen immer noch die Vorbehalte. Aber das Engagement, auch Kritikern Platz auf dem Kirchentag einzuräumen, sie zu integrieren und nicht die Einheit der evangelischen Kirchen zu gefährden, hat sich gelohnt. Es wäre ja auch ein Verlust gewesen, wenn die „Frommen", die sich für besonders bibel- und bekenntnistreu halten, ausgezogen wären und alle Brücken abgebrochen hätten. Der Kirchentag als Forum der evangelischen Kirchen und Gemeinden braucht nicht nur die ökumenischen Gäste und die Gesprächspartner aus Politik und Kultur, sondern insbesondere auch die Kritiker und Skeptiker aus den eigenen Reihen. Es kann nicht nur solche in unseren Kirchen geben, die öffnen und verändern, sondern es werden immer auch die gebraucht, die mahnen und bewahren.

Kirchentagsperspektiven

Der Deutsche Evangelische Kirchentag soll gerade kein Ausweis dafür sein, dass bei Protestanten alles möglich, ja vielleicht sogar alles beliebig und gleichgültig ist. Vielmehr ist er ein Aushängeschild dafür, dass sich die evangelische Kirche mutig den Fragen und Problemen, vor allem aber den Menschen der Gegenwart stellt; dass sie etwas zu sagen hat, aber auch bereit ist, zu hören und sich eines Besseren belehren zu lassen – von außen und von innen. Es ist keine Schande, wenn sich Kirche nicht als unfehlbar gibt. Sie hat der Welt durchaus etwas zu sagen und sie ist ihr das Wort Gottes schuldig. Andererseits hat aber auch die Welt der Kirche etwas zu sagen, damit diese nicht weltfremd und damit unverständlich und letztlich unnütz wird. Der Kirchentag ist für Kirchenmenschen ein gutes Mittel gegen „Betriebsblindheit".

So wird z. B. in den Bibelarbeiten das evangelische Profil gestärkt. Gleichzeitig werden in den Begegnungen und Diskussionen Mittel und Wege gesucht, den Glauben in unsere Zeit zu übersetzen. Es werden Partner in der Gesellschaft dafür gesucht, um das als notwendig Erkannte auch zu realisieren. Vor allem aber: Jeder Kirchentag ist ein Fest. Ein Fest des Glaubens, das viel Raum lässt für die, die vielleicht noch zaghaft, aber doch interessiert sind. Für die, die vielleicht eine andere Weltanschauung haben, aber doch in der Sache gleichgesinnt mitmachen. Für die, die schon begriffen haben und ergriffen sind. Und das kann nicht oft genug betont werden: Der Kirchentag ist kein von oben verordnetes Unternehmen zur Beglückung des Kirchenvolkes, sondern ein Fest, das die unzähligen Vorbereitenden und Mitarbeitenden und die Menge der Besucher und Zaungäste einander bereiten. Natürlich gibt es ein ständiges Organisationsbüro und professionelle Vorarbeit, natürlich sind auch die Kirchenoberen und Ehrengäste da, die dem Unternehmen ihr Flair geben. Aber entscheidend für den Kirchentag sind die vielen Tausend Ehrenamtlichen, die vorbereiten und gestalten, die aufbauen und Anteil nehmen, und nicht zuletzt die Gastgeber, die Fremde bei sich aufnehmen, um ihnen für die Zeit der Kirchentage ein Zuhause zu geben.

In dieser Dynamik und Vielschichtigkeit ist der Kirchentag zu einer Werkstatt geworden, die den Glauben ins Leben bringt, ein Markt der Glaubens- und Kirchenmöglichkeiten, der vielen etwas schenkt. Und als häufiger Gast auf Kirchentagen kann ich nur sagen: Der Weg lohnt sich! Die Erfrischung, die der Kirchentag gewährt, tut gut. Wer die Mühe auf sich nimmt, darf nicht ängstlich davor sein, vielem und vielen Unbekannten zu begegnen, aber er wird auch viel frische Glaubensluft finden und „Kirche bei offenem Fenster" erleben!

Evangelische „Heilige“

Besondere Menschen

9 Es gibt Ausnahmen

Die evangelische Tradition legt außerordentlich großen Wert auf das „Priestertum aller Gläubigen", d.h. dass eigentlich jeder Christ in gleicher Weise fähig ist, die Gnade Gottes zu erkennen. Das bedeutet aber auch, dass jeder Christ in gleicher Weise dazu berufen ist, die Gnade Gottes zu bezeugen und weiterzugeben. Luther hat außerdem großen Wert darauf gelegt, dass jeder Christ in eigener Verantwortung die Heilige Schrift lesen und auch verstehen könne. Es war seine Überzeugung, dass alle Christen in gleicher Weise den Heiligen Geist empfangen und in ihrem Alltag Gottes Wort leben könnten.

In der kirchlichen Praxis und der Realität der Gemeinden ist es jedoch seit jeher ganz selbstverständlich, dass es immer auch Menschen gibt, die herausragen. Ihr persönliches Charisma und ihre Glaubwürdigkeit im Reden und Handeln ist beispielhaft und wegweisend. Auch in der protestantischen Tradition ist es unstrittig, dass es „heilige Menschen" gibt – außergewöhnliche Männer und Frauen, die die evangelische Kirche und Spiritualität prägen. Aber allein, dass es sie immer gegeben hat, ist noch nicht typisch evangelisch. Evangelisch ist vielmehr der Umgang mit diesem Phänomen. Es lässt sich auch in der Kirche des allgemeinen Priestertums nicht leugnen, dass es Märtyrer für das Evangelium und Kronzeugen gibt.

In meinen Jahren in Rom wurde ich in der Passionszeit von der Kommunität S. Egidio eingeladen, an einem ökumenischen Gebet teilzunehmen, in dem der christlichen Märtyrer in aller Welt, die ihr Leben in den letzten Monaten als Zeugen unseres Glaubens gegeben hatten, gedacht wurde. Ich sollte an diesem Gebet nicht nur teilnehmen, sondern auch die Namen der evangelischen Blutzeugen bei diesem Gebet einbringen. Zuerst war ich befremdet, aber schließlich kam ich ins Nachdenken. Weder ein Anruf in der EKD-Zentrale in Hannover noch die Nachfrage beim Ökumenischen Rat der Kirchen in Genf brachte mich weiter, ganz abgesehen von allen anderen Anfragen und Gesprächen zum Thema. Schließlich fand ich eine evangelische Organisation (CSI – *Christian Solidarity International*), die die Bedrängnis und die Opfer der evangelischen Kirchen, ob in China oder Haiti, im Sudan oder der Türkei, dokumentierte. Bei meinen Bemühungen, die Namen der evangelischen Märtyrer zu finden, von denen ich ja wusste, dass es sie gab, dachte ich darüber nach: Seltsam, dass bei uns doch wenig von den „Helden" des Glaubens, den großen Vorbildern, den Märtyrern, den Heiligen die Rede ist! Sicher: Bonhoeffer ist in aller Munde, ebenso wie die anderen, die aus evangelischer Überzeugung am Widerstand gegen Hitler und in der Bekennenden Kirche gekämpft haben. Aber bis Dietrich Bonhoeffer z. B. in evangelischen Kreisen allgemein als Märtyrer gehandelt wurde, dauerte es Jahrzehnte.

Dabei heißt es doch im Augsburger Bekenntnis von 1530: *„Über die Verehrung der Heiligen wird von den Unseren gelehrt, dass man der Heiligen gedenken soll, damit unser Glaube dadurch gestärkt wird, dass wir sehen, wie ihnen Gnade widerfahren und ihnen durch den Glauben geholfen worden ist. Außerdem soll man sich an ihren guten Werken ein Beispiel nehmen, jeder für seinen Lebensbereich"* (Artikel 21). Damit lässt dieses grundlegende reformatorische Bekenntnis ausdrücklich Raum für die Heiligen und ermutigt, sich ihrer zu erinnern und sich an ihnen ein Beispiel zu nehmen. Gleichzeitig grenzt sich das evangelische Bekenntnis im selben Artikel ausdrücklich von der katholischen Tradition ab: *„Aus der Heiligen Schrift lässt sich aber nicht beweisen, dass man die Heiligen anrufen oder Hilfe bei ihnen suchen soll."* Die Heiligen sind und können nicht Mittler zwischen den Menschen und Gott sein, zumal der Mensch solche Mittler nicht braucht. Aber Vorbilder und Beispiele gelebten Glaubens braucht er. Und es gibt sie, die Ausnahmen, die herausragenden Persönlichkeiten, die von Gott besonders Bewegten, Ermutigten oder vom Heiligen Geist besonders Begabten und Erfüllten.

Man findet sie schon in der Bibel in Gestalt eines Mose oder Jesaja, eines Petrus oder Paulus. Ich habe bewusst diese vier Männer gewählt, weil sie beispielhaft zeigen, dass die Heiligen Menschen sind, die sich nicht danach drängen, Geschichte zu machen. Alle vier tun sich schwer, ihren Lebensauftrag zu begreifen, haben Schwächen, treffen auf Widerstände und sind absolut keine strahlenden Siegertypen. Genau das ist es, was das evangelische Verständnis der Heiligen ausmacht: Sie dürfen Fehler haben. Sie dürfen Zweifel haben. Sie müssen keine Wunder vollbringen. Sie dürfen Menschen sein.

9 Gemeinschaft der Heiligen

In den frühen Zeiten der christlichen Tradition wurden alle getauften Christen als Heilige bezeichnet. Paulus etwa richtet seinen Römerbrief (Römer 1,7) an *„alle Geliebten Gottes und berufenen Heiligen in Rom“*. Und in der Apostelgeschichte wird von Paulus vor seiner Bekehrung gesagt, *„wie viel Böses er den Heiligen in Jerusalem angetan hat“* (Apostelgeschichte 9,13). Aber dieser frühchristliche Begriff der Heiligen als den in Christus Getauften änderte sich spätestens in den Zeiten der Verfolgung im Römischen Reich, als es viele Wankelmütige gab, die zwar getauft, aber doch nicht treu zur Gemeinde Christi waren. Die Heiligen in den Zeiten der staatlichen Zwangsmaßnahmen gegen die Kirche waren jetzt nur noch diejenigen, die der Anfechtung und Verfolgung getrotzt hatten und ihren Glauben auch unter Lebensgefahr nicht verraten hatten. Zu Heiligen wurden mehr und mehr die, die ihr Leben in ihrer Treue zum Herrn Jesus Christus geopfert hatten.

Auch wenn es im Apostolischen Glaubensbekenntnis heißt: *„Ich glaube an die Gemeinschaft der Heiligen“*, ist hier im ursprünglich biblischen Sinn die Gemeinschaft aller Getauften gemeint, die Kirche. Aber wenn die spätere, bis in die Reformationszeit selbstverständliche Verwendung des Begriffs zugrunde gelegt wird, sind die Heiligen eben nicht mehr die Durchschnittschristen, sondern die beispielhaften und herausragenden Gestalten der christlichen und kirchlichen, auch der evangelischen Geschichte. Und diese verdienen durchaus Aufmerksamkeit und sollten nicht in Vergessenheit geraten. Sie sind Leitfiguren, die gebraucht werden und in der protestantischen Ahnengalerie auch reichlich zu finden sind. Auf der Suche nach bedeutsamen Namen für die protestantische Tradition darf auch ruhig über die Ränder der Reformation hinausgegriffen werden und ein Franz von Assisi, eine Hildegard von Bingen oder auch ein Kirchenvater wie Augustinus genannt werden. Es sind alles Menschen, die das Evangelium lebten und predigten, so gut sie es eben in ihrer Zeit vermochten.

Evangelische Leitfiguren

Aus guten historischen Gründen geht es in der evangelischen Tradition auch immer um eine kritische Distanz und Betrachtung der religiösen Phänomene. Das gilt auch für den Blick auf die Heiligen. Wird nicht in der katholischen und orthodoxen Tradition eine Heiligenverehrung gepflegt, die Protestanten fremd ist und bleiben muss? Sind nicht gerade unter Johannes Paul II. Heilige „gemacht" worden, deren Lebenswerk umstritten und fragwürdig ist? Die evangelische Seele sträubt sich zu Recht, wenn es im „Katechismus der Katholischen Kirche" (München, 1993) heißt: *„... dass die Heiligen beim Vater für uns eintreten, indem sie ihre Verdienste darbringen, die sie durch den einen Mittler zwischen Gott und den Menschen, Christus Jesus, auf Erden erworben haben"* (S. 276). Natürlich schrillen hier alle reformatorischen Warnsignale: Können die Heiligen ihre Leistungen für uns Menschen in die Waagschale werfen, damit wir vor Gott bestehen oder zumindest besser bestehen können? Ist diese Miterlöserschaft, die den Heiligen hier zugesprochen wird, nötig und theologisch zu verantworten? Zumal es im nächsten Abschnitt des katholischen Katechismus, der Maria behandelt, dann auch noch ausdrücklich um die *„Verbindung der Mutter mit dem Sohn im Heilswerk"* geht: Maria führt ihre heilbringende Aufgabe der Fürbitte für uns fort, um *„uns die Gaben des ewigen Heils zu verschaffen"* (S. 279).

Hier ist evangelische Skepsis angebracht, einer Vergottung des Menschen zu wehren, die genau das verhindert, was so wichtig ist, nämlich erreichbare und berührbare Leitbilder zu zeigen. Evangelische „Heilige" sind ganz menschliche „Dolmetscher" zwischen Gott und den Menschen. Der heutige Papst Benedikt XVI. hat als Theologieprofessor in den 60er-Jahren geschrieben: *„... die Illusion, als ob man in der Isolierung mehr aufbauen könnte als im Miteinander, ist eben eine Illusion genau wie die Vorstellung einer Kirche der ‚Heiligen' anstatt einer ‚heiligen Kirche', die heilig ist, weil der Herr ihr die Gabe der Heiligkeit schenkt ohne Verdienst"* (Josef Ratzinger, Einführung in das Christentum, München, 1968, S. 287). Hier klingt die Einsicht durch, dass kein noch so „Heiliger" den perfekten und damit vor Gott bestehenden

Menschen darstellt, der dann auch noch andere in seinem „Fahrwasser“ in den Himmel zu ziehen vermag.

Die Heiligen stärken die Gemeinschaft des Glaubens. Ihr Beispiel ist wegweisend, aber sie sind und bleiben Menschen, mit Stärken und Schwächen. Und entgegen der katholischen Lehrmeinung müssen Heilige in unserer evangelischen Kirche und Tradition keine Wunder wirken oder gewirkt haben, um das Prädikat „heilige Menschen“ zu erlangen. Sie müssen auch nicht zur Ehre der Altäre erhoben werden, sondern sie dürfen auch in ihrer Schwachheit gesehen werden. Heilige sollen in ihrem Tun und Beispiel ja gar nicht unerreichbar sein! Die Heiligen sind Menschen mit Schwächen und Fehlern, die jedoch an entscheidender Stelle konsequent und klar Stellung bezogen haben und gegen allen Widerstand evangelische Wahrheit, das Wort Gottes, bezeugt haben.

Martin Luther sprach beispielsweise klar und unbeugsam von der Mitte des christlichen Glaubens. Er hat die Bibel wiederentdeckt und den Schatz enthüllt, der darin verborgen ist. Er scheute auch nicht davor zurück, selbst unter Lebensgefahr das zu bezeugen, was für ihn offenbar geworden war. Er war sprachlich und menschlich in der Lage zu vermitteln, worum es ging. Luther ist eine oder auch *die* evangelische Leitfigur, ein besonderer Mensch und im Sinne der Reformation ein Heiliger, nämlich ein Vorbild im Glauben.

Trotz alledem war Martin Luther aber auch – und das mit fortschreitendem Alter immer stärker – ein launenhafter und herrischer Mensch, der Bauern und Juden, die sein Wort nicht so annahmen, wie er sich das vorstellte, mit seinen Schriften übel zusetzte; der historisch durchaus Fragwürdiges und für uns gänzlich Unverständliches schrieb und predigte. Der große Luther – ein sehr beschränkter Mensch, und dennoch ein Leitbild, aus dem einfachen Grund, dass Menschen immer beschränkt sein werden.

Oder nehmen wir Martin Luther King: Auch er war ein leuchtendes Beispiel für mutiges evangelisches Christsein. Er kämpfte mit klaren Worten und mit mutigen Visionen von einer gerechteren und freieren Welt für die Unterdrückten und gegen das Unrecht seiner Zeit. Aber auch er war ein Mann, der verletzen konnte, der in manchem fragwürdig und doppeldeutig blieb – ein Mensch eben.

So können noch viele andere evangelische Heilige genannt werden: Reformatoren wie Martin Bucer oder auch Luthers Ehefrau Katharina von Bora, die beispielhaft über Jahrhunderte einen neuen Typ christlicher Hausfrau verkörperte. Nicht zu vergessen sind die Väter des Pietismus und die Frauen, die als Diakonissen dem sozialen Elend im 19. Jahrhundert trotzten und die eingangs schon erwähnten Männer und Frauen, die im NS-Staat Widerstand leisteten. Aber auch ein Nelson Mandela sei erwähnt und mit ihm unzählige Christen, die in Afrika, Südamerika und Asien Unrechtsregimen trotzten oder einfach nur versuchten, Menschen in Not zu helfen. In diesem Sinne ist es gut und richtig, dass der evangelische „Pfarramtskalender" jedem Tag einen „Heiligen", einen Zeugen des Glaubens zuordnet: Liederdichter, Märtyrer, Theologen, Prediger, Missionare, Herrscher, die das Evangelium in ihrer Zeit lebendig bezeugten. Es sind keine Mittler zwischen Himmel und Erde, keine Wundertäter und Übermenschen, sondern Menschen, die die Zeichen der Zeit erkannten.

Evangelische Christen können die Reihe dieser hervorragenden Gestalten ohne Weiteres persönlich erweitern, ohne dass sie dazu der Legitimation durch eine höhere kirchliche Instanz oder einer amtlichen Heiligsprechung bedürfen. Bestimmt ist jeder Christ in seiner persönlichen Glaubensbiografie bereits Menschen in seiner Umgebung begegnet, die ihm das Heilige nahegebracht und Gott in besonderer Weise bezeugt haben.

Ohne Zögern könnte ich aufgrund meiner Gemeindeerfahrungen eine Handvoll Personen aufzählen, die ich aus meiner Perspektive durchaus den großen Namen zur Seite stellen würde, weil sie gewissenhaft und fromm ihr Leben so gelebt haben, dass ich als Pfarrer nur dankbar staunen konnte über die menschliche Größe und Gnade, die von diesen Menschen ausging: über ihre Klarheit im Blick auf die biblische Tradition, über ihre Entschiedenheit hinsichtlich des Notwendigen. Auch das sind evangelische Leitfiguren, besondere Christen, Heilige in der Nachbarschaft, von denen die evangelische Kirche lebt, die zwar nicht zur Ehre des Altars erhoben werden, aber auch nicht vergessen werden dürfen und für die wir vor allem dankbar sein sollten.

Wenn wir in der evangelischen Kirche der Vorbilder im Glauben gedenken, dann wird es auch Bücher und Bilder geben, „Reliquien" und ganze Museen, die Lebensgeschichten erzählen und Erinnerung wachhalten, die ermutigen und sogar begeistern können. Dann wird es natürlich auch eine Art „Wallfahrten“ geben, Gemeindeausflüge oder Reisen zu den Orten, an denen die Reformatoren wirkten oder an denen Persönlichkeiten wie Albert Schweitzer oder Amalie Sieveking anschaulich gedacht wird. Vielleicht werden auch mehr evangelische Kirchen Namen von Vorbildern im Glauben tragen oder da und dort ein Denkmal aufgerichtet, an dem mit Respekt derer gedacht wird, die das, was den protestantischen Glauben ausmacht, ganz menschlich, aber sehr deutlich gelebt haben. Außerordentliche Beispiele evangelischen Lebens gibt es – und sie dürfen nicht vergessen werden!

Evangelische
Stadtkirche
So 10 00
Martinskirche
So 10 15
Katholische
Taborkirche
Sa 18 15
So 11 00
Kroat. Gde. So 9 30
Evangelisch-
methodistische
Kirche
So 9 30

10
Evangelische Vielfalt
der Konfessionen
Die Kirche und die Kirchen

10 Einheit und Vielfalt der Kirche Jesu Christi

Es gehört zu den Grundsätzen des evangelischen Glaubens, *„dass allezeit eine heilige, christliche Kirche sein und bleiben muss"*. So steht es im Artikel 7 des Augsburger Bekenntnisses von 1530, das grundlegend für die evangelische Kirche ist. Auch Paulus beharrt im Epheserbrief darauf, dass alle Christen doch *„ein Herr, ein Glaube, eine Taufe"* und *„ein Gott, der Vater aller, der da ist über allen und durch alle und in allen"* (Epheserbrief 4,5f) verbindet. Aber der Glaube an die eine Kirche Jesu Christi bedeutet nicht, dass es nicht vielfältige Formen von Kirche geben kann, in denen sich Christen zusammenfinden, um ihren Glauben zu leben. Denn, so sagt es eben auch das Augsburger Bekenntnis: *„Es ist nicht zur wahren Einheit der Kirche nötig, dass überall die gleichen, von den Menschen eingesetzten Zeremonien eingehalten werden."* An anderer Stelle konkretisiert Martin Luther seine evangelische Perspektive, indem er zwischen der unsichtbaren *einen* Kirche Jesu Christi und den aus sehr menschlichen Gründen unterschiedlichen und getrennten Gestalten der sichtbaren Kirche unterscheidet.

Diese Perspektive Luthers ist sehr realistisch, denn es macht keinen Sinn, eine Einheit der Kirche, ihrer Organisation und Theologie, ihrer Liturgie und Frömmigkeit zu fordern, die es doch zu keinem Zeitpunkt der christlichen Geschichte gegeben hat. Es gab sie nie, die eine, einzige Kirche Jesu Christi, die alle, die sich zu Christus als ihrem Herrn bekannten, einträchtig barg. Und ob es sie angesichts der Unterschiede in der christlichen Tradition und angesichts der Verschiedenheit der menschlichen Bedürfnisse im Blick auf den Glauben je geben kann, darf ebenfalls bezweifelt werden. Deshalb ist es anmaßend, wenn sich eine der vielen unterschiedlichen Formen von Kirche als die allein seligmachende versteht.

Von Anfang an

10

Schon die Schriften des Neuen Testaments sind mit ihren ganz unterschiedlichen Akzenten Zeugnis der Vielfältigkeit kirchlichen Lebens und kirchlicher Lehre von Anfang an. In den meisten neutestamentlichen Schriften finden sich Hinweise auf Lehrstreitigkeiten und Spaltungen in den Gemeinden. Das Ringen um den richtigen Weg und die unterschiedlichen Positionen dazu gehörten schon immer zur Realität der Gemeinden und der Kirche Jesu Christi. Ein besonders deutliches Beispiel ist das sogenannte Apostelkonzil zu Jerusalem (vgl. Apostelgeschichte 15): Die Apostel Paulus und Petrus standen für zwei Gruppen in der sogenannten Urkirche des 1. Jahrhunderts, die sehr gegensätzlicher Ansicht waren. Petrus beharrte mit den Seinen darauf, dass jeder, der zur christlichen Gemeinde gehören wollte, sich zuvor dem jüdischen Gesetz unterwerfen müsse, z. B. als Mann auch dem Ritual der Beschneidung. Paulus hingegen kämpfte für eine Zugehörigkeit zum Christentum allein durch die Taufe, ohne vorherige Unterwerfung unter die jüdische Tradition, und setzte sich nach harten Auseinandersetzungen schließlich durch. Zu diesem Zeitpunkt und in diesem Konflikt ließ sich der Streit noch einmal schlichten. In der Gemeinde in Korinth hingegen entwickelten sich Spaltungen, die offensichtlich auch durch ein Machtwort des Paulus nicht auszuräumen waren (vgl. 1. Korintherbrief 1). Auch die Sendschreiben der Offenbarung des Johannes (Offenbarung 2) sind Zeugnis für allerlei Zerwürfnisse und Spaltungen in den Gemeinden, von Streit und Feindschaft unter denen, die sich Christen nannten.

Die „Urkirche" des 1. Jahrhunderts nach Jesu Tod und Auferweckung war also durchaus kein Hort der Einheit und des Friedens. Es gab sie nie, die eine und einige Kirche, sondern die Kirche Jesu Christi war von Anfang an in viele Kontroversen verwickelt, mit Spannungen durchzogen, zerstritten und zergliedert.

Für diese Spannungen und Spaltungen gab es vielerlei Gründe: Zunächst waren da die allgemeinen menschlichen Schwächen, unter denen auch die Apostel und Jünger der ersten Stunde litten. Zum anderen aber darf man die besonderen Umstände jener Zeit nicht vergessen: So war trotz der bemerkenswerten Infrastruktur im Römischen Reich schon die Kommunikation unter den Gemeinden schwierig. Je mehr sich das Christentum ausbreitete und je mehr neue Gemeinden gegründet wurden, umso schwieriger war es, unter Christen, die aus ganz unterschiedlichen sozialen, kulturellen und religiösen Welten stammten, eine Einheit von Lehre und Frömmigkeit zu wahren. Eigentlich können wir erst heute, nachdem wir durch unterschiedliche Funde von Schriften, die in den ersten Jahrzehnten der Christenheit entstanden, später aber verurteilt und zum größten Teil verbrannt oder verloren wurden, wieder ahnen, wie gerade in den Anfangszeiten der Kirche radikal unterschiedliche Interpretationen der Bedeutung und Person Jesu Christi kursierten. Dabei waren über viele Jahre besonders die sogenannten gnostischen Strömungen bestimmend, die u. a. den Tod Jesu am Kreuz und seine Auferstehung infrage stellten.

Zusätzlich zu diesem Einfluss, den Philosophien und andere Religionen auf einzelne Gemeinden oder Theologen haben konnten, bildeten sich regional und lokal Traditionen aus, die später nur ungern wieder infrage gestellt wurden. Immer wieder gab es deshalb Konzilien und Synoden, Versammlungen von Vertretern der unterschiedlichen Teile der frühen Christenheit, die im Blick auf einzelne Streitfragen allgemein verbindliche Antworten zu geben versuchten. Die wichtigste Entscheidung der frühchristlichen Kirche war die Festlegung des neutestamentlichen Kanons, also die Festlegung der Schriften, die das bis heute gültige Neue Testament enthalten sollte. Dabei wurden auch Briefe und Evangelien, die in manchen Gemeinden und Teilen der Kirche damals in hohem Ansehen standen, verworfen.

Aber erst die sogenannte Konstantinische Wende brachte die Möglichkeit mit sich, klare Trennlinien zu ziehen und verworfene Positionen zu unterdrücken und auszugrenzen. Nachdem Kaiser Konstantin in den Jahren nach 312 dem Christentum eine bevorzugte Stellung im Römischen Reich gegeben hatte, hatten er und seine Nachfolger, die das Christentum dann sogar zur Staatsreligion machten, großes Interesse an einer möglichst sichtbaren und spürbaren Einheit der Kirche. So förderte der Kaiser die Synoden und drängte zu Entscheidungen, wenn die kirchlichen Würdenträger sich nicht einigen konnten. Diese konziliaren Entscheidungen erhielten Gesetzescharakter. Dadurch wurde jeder, der eine nicht offiziell gebilligte Lehrmeinung vertrat, zum Gesetzesbrecher und konnte nicht nur geistlich, sondern auch weltlich belangt werden. Das Konzil von Nicäa im Jahr 325 n. Chr. setzte die Maßstäbe: Der Kaiser entschied durch sein Machtwort den nicht enden wollenden Streit und bedrohte und bestrafte die, sich nicht den Konzilsdekreten unterwarfen. Doch selbst kaiserlicher Druck konnte nicht verhindern, dass sich auch weiterhin große christliche Gruppen, z. B. die sogenannten Arianer, nicht dem Diktat der Synoden beugten.

Andere historische Einschnitte, wie etwa die Ausbreitung des Islam, führten im frühen Mittelalter dazu, dass Teile der Christenheit isoliert wurden und deshalb eine eigene Geschichte und Tradition entfalteten, so etwa die armenische und die koptische Kirche. Schließlich geschah lange bevor die Reformation auf den Plan trat, die große Kirchenspaltung zwischen Rom und Konstantinopel im Jahre 1054. Damit war auch der Anschein einer sichtbaren Einheit der Kirche aufgehoben. Die beiden großen christlichen Metropolen Konstantinopel und Rom sowie ihre geistlichen Vertreter sprachen sich gegenseitig die Rechtgläubigkeit ab, verurteilten einander und brachen alle Kontakte ab. Es sollte 900 Jahre dauern, bis ein römischer Papst wieder mit einem Patriarchen der orthodoxen Christenheit zusammentraf.

Aber selbst dort, wo die Einheit der Kirche propagiert wurde, war sie *de facto* doch oft genug nur Schein. Das mittelalterliche Europa, das in besonderer Weise der weltlichen und geistlichen Einheit huldigte, hatte doch in Wahrheit eine ungeheure kirchliche Vielfalt hervorgebracht. Es entstanden immer neue Orden und Reformbewegungen, die verschiedensten Frömmigkeitsformen blühten auf und entfalteten sich. Diese hätten gegensätzlicher nicht sein können, wenn man z. B. die Reformbewegung der Kartäuser, die sich gänzlich aus der Welt zurückzogen, mit der der Bettelmönche vergleicht, die jegliche klösterliche Abgeschiedenheit ablehnten. Zum Teil wurden die Reformbewegungen nach anfänglicher Skepsis kirchlich begünstigt und domestiziert, wie z. B. die Bewegung, die Franz von Assisi auslöste. Oft wurden sie aber auch mit Gewalt unterdrückt und konnten nur im Verborgenen weiterleben, wie die Waldenser, oder wurden sogar mit aller Macht ausgelöscht, wie die der Katharer.

Die *eine* Kirche Jesu Christi war immer von der Vielfalt des menschlichen Bemühens geprägt, neue, glaubwürdige, dem Evangelium gemäßere christliche und kirchliche Lebensformen zu entwickeln. Die Menschen, die andere Wege gingen, taten das nicht, um Konflikte zu schaffen, sondern weil sie den christlichen Glauben ernst nahmen. Spaltungen waren sicher zuweilen auch das Resultat persönlicher Querelen und ehrgeiziger Einzelgänger, aber sie waren immer auch Suche nach einer besseren Umsetzung des göttlichen Auftrages an seine Gemeinde.

Reformatorische Konsequenz

So ist es konsequent gewesen, dass durch die Reformation die Vielfalt kirchlichen Lebens stärker ausgeprägt wurde und sich die theologischen Unterschiede auch in immer neuen Strukturen Raum geschaffen haben. Auch wenn es sicher nicht die Absicht der Reformatoren gewesen ist, die Kirche zu spalten und eine neue zu gründen, so war es doch ein ehrlicher Weg, der letztlich eingeschlagen wurde. Theologische Unterschiede und Einsichten wurden nun auch in unterschiedlichen Kirchenstrukturen gestaltet, zuerst durch die Unterscheidung in lutherisch und reformiert geprägte Kirchen. Erstere haben sich dabei organisatorisch stärker an der römisch-katholischen Tradition orientiert und behielten weiterhin Ämter und Strukturen, Liturgie und Kleidung bei, wie etwa in Skandinavien. Die reformierten Kirchen calvinistischer Prägung organisierten das kirchliche Leben komplett neu. Die einzelnen Gemeinden haben hier ein hohes Maß an Selbstbestimmung, wählen ihre Pfarrer selbst, verwalten ihr Vermögen und gestalten eigenverantwortlich das kirchliche Leben.

Die weitere protestantische Geschichte hat zu neuen Ausprägungen in Lehre und Leben der Kirche geführt. Baptisten, Methodisten, Mennoniten, Quäker und allerlei andere Kirchen und kirchliche Gemeinschaften sind entstanden, die besonderen Wert auf die Taufe erwachsener, selbst entscheidender Christen legen, den Zeitpunkt und das Ereignis der individuellen Bekehrung betonen oder das Heil in der stillen, weder durch Wort noch Autorität gelenkten Besinnung suchen. Einzelne Elemente der reformatorischen Theologie sind herausgegriffen worden und vergleichbar mit den unterschiedlichen Orden im Mittelalter haben die verschiedenen protestantischen Kirchen jeweils ein berechtigtes Anliegen christlicher Frömmigkeit in besonderer Weise realisiert. Noch im 19. Jahrhundert sind im evangelischen Spektrum eine Vielzahl von Kirchen und Gruppen entstanden, die in die evangelischen Landeskirchen integriert wurden, wie etwa die Liebenzeller Mission. Andere haben sich bewusst von jeglicher traditionellen kirchlichen Struktur gelöst, wie z. B. die Zeugen Jehovas.

Gleichzeitig brachte das 19. Jahrhundert auch erste Bemühungen zurück zu einer größeren Einheit der evangelischen Kirchen. So wurden etwa in Preußen, Hessen, Baden und im Rheinland unierte Landeskirchen aus reformierten und lutherischen Gemeinden gebildet. Diese Rückbesinnung auf mehr evangelische kirchliche Einheit gab es aber auch im Pietismus und hat ihre Fortsetzung in der ökumenischen Bewegung des 20. Jahrhunderts gefunden, die sich zuerst auf eine Verständigung unter den evangelischen Kirchen beschränkte, dann aber seit der zweiten Jahrhunderthälfte auch die orthodoxen und katholischen Kirchen mit einbezieht.

Gemeinschaft in der Vielfalt

Heute ist Ökumene, das Gespräch und das gemeinsame Beten und Handeln von Christen unterschiedlicher Konfessionen, weithin selbstverständlich geworden. Man spricht im Hinblick auf die eine Kirche Jesu Christi und die Realität der vielen christlichen Konfessionen gerne von einer „Gemeinschaft in der Vielfalt", die geprägt sei vom gegenseitigen Respekt der christlichen Konfessionen. Im positiven ökumenischen Miteinander hat sich das typisch evangelische Prinzip der Berechtigung unterschiedlicher Formen von Organisation und Frömmigkeit in unterschiedlichen Kirchenstrukturen durchgesetzt. Auch wenn ab und zu in manchen Köpfen und Dokumenten die eigene Position als absolut gesetzt wird, so ist doch die kirchliche Praxis in unseren Breitengraden von einem konstruktiven Dialog und von einer guten Kooperation der christlichen Konfessionen geprägt. Der Papst trifft, wenn er nach Deutschland kommt, selbstverständlich auch die Vertreter der evangelischen Kirchen. Orthodoxe Gemeinden feiern ihre Gottesdienste in evangelischen Gotteshäusern. An vielen Orten ist ein „Arbeitskreis christlicher Kirchen" (ACK) aktiv. Gemeinsame Gottesdienste werden gefeiert, auch wenn dies bedauerlicherweise immer noch nicht mit dem gemeinsamen Abendmahl aller Teilnehmer gekrönt werden kann. Die Vielfalt christlicher Theologie und Frömmigkeit, die schon in den Schriften des Neuen Testaments ihren Ausdruck findet, spiegelt sich in der Verschiedenheit der christlichen Konfessionen und Traditionen wider. Und evangelische Christen können dies nur begrüßen.

Allerdings gibt es weltweit gesehen auch ganz andere Entwicklungen: Sowohl in den orthodoxen Kirchen, z. B. in Russland, als auch in Teilen der katholischen Kirche, aber insbesondere in vielen Pfingstkirchen und charismatischen Gemeinden, z. B. in Südamerika, ist Ökumene zum Schimpfwort geworden, zum Synonym für Verrat an der eigenen Identität und am christlichen Glauben überhaupt. Das ist ein Rückfall in Zeiten der Intoleranz und Härte. Es wird eine wichtige Zukunftsaufgabe sein, denen die Ängste zu nehmen, die sich vor der Vielsprachigkeit des Evangeliums und vor der Freiheit des Geistes Gottes fürchten, der sich an unterschiedlichen Orten und unterschiedlichen Menschen sehr unterschiedlich offenbart.

Im Blick auf die Vielfalt der Kirchen kann nur entscheidend sein, was auch schon im Augsburger Bekenntnis zu lesen ist: dass überall dort Kirche ist, wo *„das Evangelium rein gepredigt wird und die heiligen Sakramente laut dem Evangelium gereicht werden"*. Überall dort, wo dies geschieht, ist die Kirche Jesu Christi, die eine heilige, christliche Kirche gegenwärtig, auch wenn es keine Gleichschaltung in Organisation oder Frömmigkeit gibt und also scheinbar viele Kirchen nebeneinander her bestehen. Aber die Kirchen sind auch immer wieder daran zu messen, inwiefern das Evangelium rein gepredigt und die Sakramente evangeliumsgemäß gereicht werden. Das bedeutet auch, dass Kritik geäußert und kirchliches Handeln hinterfragt werden muss, wenn der Eindruck entsteht, dass Gottes Wort und Wille verschleiert oder verfälscht werden. So ist auch die harte Kritik zu verstehen, die z. B. an der serbisch-orthodoxen Kirche im letzten Jahrzehnt vonseiten der ökumenischen Partner geübt wurde, als diese sich in den Jahren der Auflösung Jugoslawiens auf die Seite ihrer nationalistisch, rassistisch und aggressiv handelnden Staatsführung stellte. Aber auch jede evangelische Gemeinde und alle Kirchenleitungen müssen selbst bereit sein, sich fragen und kritisieren zu lassen als eine Kirche unter anderen. Das gehört ebenfalls zur reformatorischen Konsequenz.

Ein Leib und viele Glieder

Noch einmal: Es war weder das Ziel Martin Luthers noch der anderen Reformatoren, die Kirche zu spalten. Ihnen ging es um das Evangelium. Sie wollten nicht spalten, aber sie waren auch nicht bereit, ihre Einsicht in klare evangelische Grundsätze um traditioneller Strukturen und einer kirchlichen Einheitsideologie willen zu opfern. *„Es gibt Kirchenspaltungen, die nicht einfach der Sünde und der Unbußfertigkeit entspringen, sondern dem Willen, der Wahrheit des Evangeliums zu gehorchen."* Dieser Satz des deutschen Theologen Hanns Lilje (1899–1977) gilt für mich im Hinblick auf die Reformation, und das Ergebnis spricht für den Weg, den die Reformation ging. So ist es kein Widerspruch, von der einen Kirche und zugleich von der selbstverständlichen Existenz vieler Kirchen zu sprechen. Denn solange wir als Menschen um den richtigen Weg und die richtige Auslegung der Heiligen Schrift ringen und uns nicht einer vermeintlich unfehlbaren Autorität unterwerfen, werden wir zu unterschiedlichen Schlussfolgerungen kommen, z. B. in der Frage der Kinder- oder Erwachsenentaufe. Für beide Standpunkte gibt es gute biblische Argumente. Oder auch im Blick auf das kirchliche Amt: Bedarf es einer starken Autorität und einer klaren Ordnung oder sollte es charismatisch unstrukturiert sein? Auch hier gibt es für beide Optionen gute Gründe. Auch können wir die europäischen Bedürfnisse und Ausdrucksformen im Blick auf die Gestalt der Kirche nicht zum alleinigen Maßstab in einer Weltkirche machen, die die Geschwister in Übersee ernst nimmt. Wer die Freiheit des christlichen Gewissens in alleiniger Verantwortung vor Gott gutheißt, der muss auch die Konsequenz mittragen: Dass Menschen in ihrer Gewissensentscheidung durch die unterschiedlichsten Voraussetzungen, die sie vorfinden oder mitbringen, zu sehr unterschiedlichen Formen von kirchlicher Praxis kommen.

So können wir heute die Vielfältigkeit von Kirche Jesu Christi als Bereicherung sehen. Ich persönlich fühle mich ganz und gar der evangelischen Kirche und Tradition verbunden, finde aber auch in einem katholischen Gottesdienst oder einer orthodoxen Kirche den Ausdruck des Evangeliums und respektiere mennonitische oder anglikanische Eigenheiten. Das Bild vom einen Leib Christi und seinen vielen unterschiedlich gearteten und geformten Gliedern (vgl. 1. Korinther 12) gilt nicht nur für die ganz unterschiedlichen Personen und ihre unterschiedlichen Fähigkeiten, die in einer Gemeinde vorzufinden sind. Dieses Bild gilt auch für die ganz unterschiedlichen Kirchen, die letztlich gemeinsam Leib Christi sind. Diese Toleranz, die auch den Christen einer anderen Konfession mit gleicher Ernsthaftigkeit und mit gleichem Recht in der Gemeinschaft der Heiligen und auf dem Weg des Heils sieht, genau diese Toleranz, die die eine Kirche glaubt und doch die vielen Kirchen nicht verdammt, ist typisch evangelisch!

Ganz schön evangelisch

Nachwort

Als vor einigen Jahren die Fußballweltmeisterschaft auf Deutschland zurollte, wurde in der breiten Öffentlichkeit auf einmal die Frage diskutiert, ob man eigentlich auf Deutschland stolz sein und ob man das auch zeigen und sagen dürfe, ohne dadurch auszugrenzen oder zu verletzen. Schließlich lief das große Fußballtheater und fast alle waren irgendwie stolz – die Fahnen wehten im Sommerwind und Schwarz-Rot-Gold war absolut angesagt, ohne dass es in der Welt übertrieben nationalistisch aufgenommen wurde.

Und wie ist das mit der Kirche, genauer gesagt mit der evangelischen Kirche? Kann man, darf man stolz evangelisch sein? Ich habe den Eindruck, dass die Katholiken weniger Scheu haben, Farbe zu bekennen, als wir Protestanten. Insbesondere seit der Papst ein Deutscher ist, darf man es auch wieder laut sagen, dass man eben nicht nur deutsch, sondern auch katholisch ist.

Wir Protestanten haben da oft deutlich mehr Mühe, sichtbar konfessionell „Flagge zu zeigen" und auf unsere Kirche stolz zu sein. Schade, denn wir haben gute Gründe dafür! Einige davon habe ich in diesem Buch zusammengefasst. Ob nun der Umgang mit der Heiligen Schrift oder dem Abendmahl, ob es die Frau im Pfarramt ist oder die protestantische Vorstellung von der Mitverantwortung aller, ob es der Kirchentag ist oder der Kirchenbau – wir Protestanten haben gute Gründe, unseren Glauben so zu leben, wie wir es tun. Oder anders gesagt, um einmal die ästhetische Seite des Glaubens anzusprechen: Es ist sehr schön, evangelisch zu sein!

Ich finde es ganz wichtig, dass wir das Schöne an unserer Tradition nicht übersehen und der Welt vorenthalten. Stolz zu sein, heißt ja nicht, hochmütig und unfähig zu Ökumene und Dialog zu werden. Im Gegenteil: Nur wenn wir unseren Teil am christlichen Erbe bewahren und zur Geltung bringen, um ihn in die große christliche Gemeinschaft einzubringen, erfüllen wir unseren

Auftrag. In diesem Sinne sollten wir ruhig weiter über das nachdenken, was „typisch evangelisch" ist, und die Lebensspuren unserer Kirche sichern, sei es im Blick auf evangelische Persönlichkeiten aus unterschiedlichsten Lebensbereichen oder auch im Blick auf sehr unterschiedliche evangelische Orte und evangelische Traditionen.

Es ist bei meiner Darstellung unschwer zu erkennen, dass ich die „10 Merkmale protestantischen Lebens" ganz entgegen der analytischen und kritischen Denkungsart der letzten Jahrzehnte, in der ich auch gründlich geschult wurde, einfach als gute Merkmale gelten ließ, ohne sie gleich wieder infrage zu stellen und zu relativieren. Dass nicht immer alles so reibungslos funktioniert wie dargestellt, erfährt jeder oft genug. Trotzdem glaube ich, dass es sowohl für Protestanten, die sich seit Jahrzehnten schon mit dieser Kirche abmühen, als auch für die, die sich ihr gerade erst vorsichtig annähern, gut ist, den Blick zu öffnen für das, was das Evangelische liebenswert und sympathisch macht. Erst wenn ich die liebenswerten und herausragenden Merkmale „meiner" Kirche wiederentdecke oder überhaupt begreife, weiß ich, warum ausgerechnet diese Sorte Christsein für mich gut und richtig ist, warum ich mit gutem Grunde evangelisch bin, werde oder bleibe.

Dieses Buch sollte übersichtlich und knapp formuliert, mit einigen wenigen persönlichen Anmerkungen versehen, in erster Linie ermutigen, erinnern und natürlich auch erklären, was evangelisch ist, und dadurch hoffentlich auch dazu anregen, selbst weiterzufragen, vor allem mitzugestalten und eigene persönliche Erfahrungen zu sammeln.

Ich würde mich freuen, wenn diese Seiten vielen Leserinnen und Lesern einen Anstoß geben würden, die sympathischen Seiten ihrer Kirche zu sehen, und einfach das Gefühl wecken: Es ist eigentlich ganz schön, evangelisch zu sein!